Mme Lef.

Jeanine et Jean GUION

CP

APPRENDRE L'O.R.T.H.O GRAPHE

HATIER

Mise en page : Philippe & Catherine BOSSON

Illustrations : Patrick GROMY

Calligraphie : Nicole VILETTE et Sophie BEAUJARD

Couverture : Malte MARTIN

ISBN 2.218 **04584**-2

Présentation

Le manuel d'orthographe *Apprendre l'orthographe CP* est le premier volume de la collection O.R.T.H. Il est conçu pour s'intégrer à l'apprentissage de la lecture, quelle que soit la méthode utilisée en classe.

Apprendre l'orthographe CP contient près de **300 exercices** fondamentaux pour acquérir, parallèlement à l'apprentissage de la lecture, les premières notions orthographiques essentielles pour l'avenir scolaire de l'enfant.

Il dégage l'orthographe de la lecture et donne aux enseignants une plus grande liberté dans la conduite de leur classe. Il leur permet de mieux cerner les objectifs d'orthographe qu'ils doivent atteindre au cours préparatoire, en leur proposant 106 fiches adaptées aux besoins d'apprentissage des élèves.

Dans le choix des exercices, l'enseignant reconnaîtra :

- des objectifs précis tenant compte de la fréquence des mots et des capacités linguistiques des enfants de six ans ;
- des exercices qui aiguisent la perception auditive et la perception visuelle ;
- des exercices systématiques basés sur les rapports entre l'oral et l'écrit : correspondance phonèmes / graphèmes ; correspondance messages / sens (le dessin est utilisé pour aider l'élève à réfléchir au sens de ce qu'il écrit, ce qui le met en situation d'apprendre à écrire juste) ;
- des exercices stimulants qui plaisent aux enfants parce qu'ils sont vécus comme des jeux. (Cf. le jeu des cailloux qui présente la silhouette des mots et conduit l'élève à une analyse fine de leur forme.)

La structure des exercices est régulière et ils peuvent tous être notés. Il est ainsi possible de suivre facilement le travail d'un enfant et de repérer rapidement les difficultés qu'il rencontre. Pour tous les exercices portant sur des dessins sans légende, on vérifiera que ceux-ci sont bien reconnus par les enfants (cf. liste des mots page 124).

L'ordre de présentation des graphies dans O.R.T.H. correspond à la progression adoptée dans la méthode de lecture *Ratus et ses amis.* Mais les leçons étant indépendantes, chaque enseignant peut adapter très facilement O.R.T.H. à sa propre méthode de lecture. Les 70 fiches de la partie *Graphèmes, graphies et premières règles* sont toutes indispensables aux premiers apprentissages de l'orthographe.

Comme tous les ouvrages de la collection O.R.T.H., *Apprendre l'orthographe CP* exprime une volonté de pédagogie active, réaliste et efficace. Il permet d'acquérir, dès le début de la scolarité obligatoire, les premières bases de l'orthographe du français.

Liste des graphies et des règles étudiées

Observation

Exercices de découverte

• Les exercices d'observation se font dès le début de l'année scolaire.

• Les consignes sont lues par l'enseignant.

• Pour les exercices portant sur des dessins sans légende, on vérifiera que ceux-ci sont bien reconnus par les enfants (liste p. 124).

• Chaque fiche peut être notée sur dix (un point par réponse juste).

Comment répondre ?

L'élève exécute des consignes très simples :
– s'il dispose d'O.R.T.H. CP cahier, il colorie ou entoure ;
– s'il utilise O.R.T.H. CP livre, il recopie soit des lettres ou des mots, soit les numéros des réponses qu'il choisit.

1 exercices de découverte

Observation

1 **Colorie les sacs où tu vois : ○**

2 **Colorie si tu entends (cha).**

3 **Un petit « caillou » pour une petite lettre → (n)**
Entoure les deux lettres
qui peuvent aller dans ce « caillou » : ( )

s p t u h

réussite : /10

1 Colorie les boîtes où tu vois : u

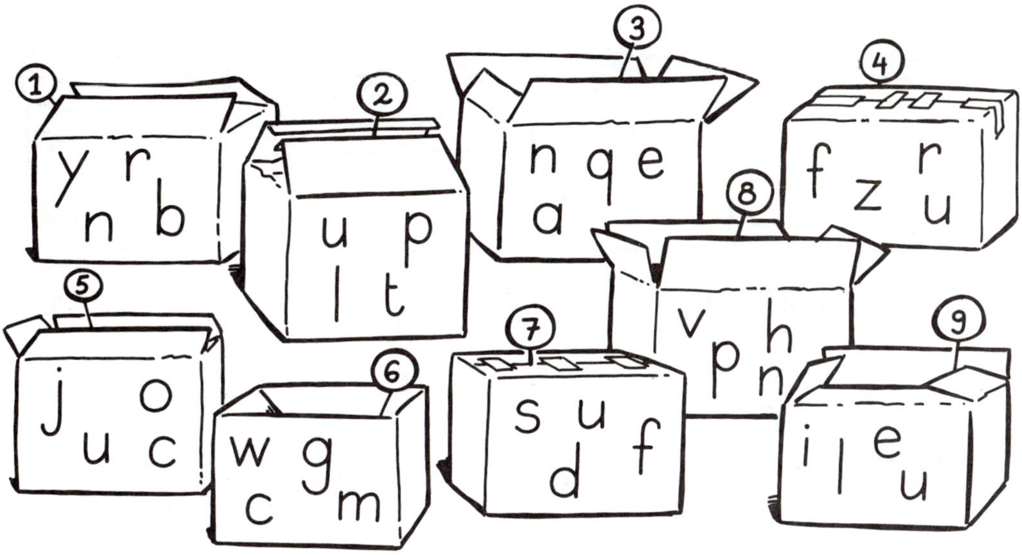

2 Colorie si tu entends (dan).

3 Un gros « caillou » pour une grande lettre → 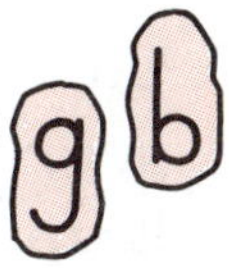

Entoure les deux lettres
qui peuvent aller dans ce « caillou » : 

a f n l i

réussite : /10

1 **Colorie les pots où tu vois : a**

2 **Colorie si tu entends** (mon) **.**

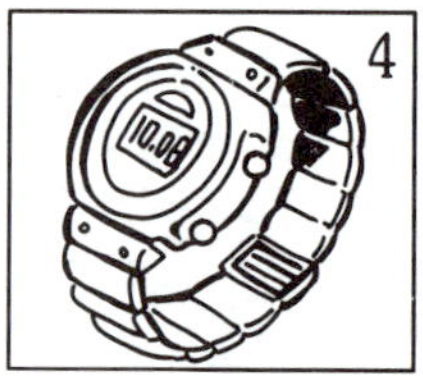

3 **Un tout petit « caillou »**
pour un point ou pour un accent →
Entoure les deux lettres
qui peuvent aller dans ces « cailloux » :

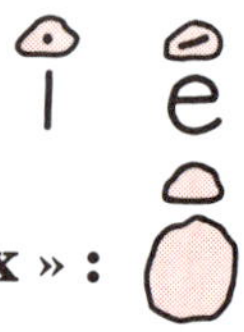

d v ê j e i

réussite : /10

1 Entoure : f

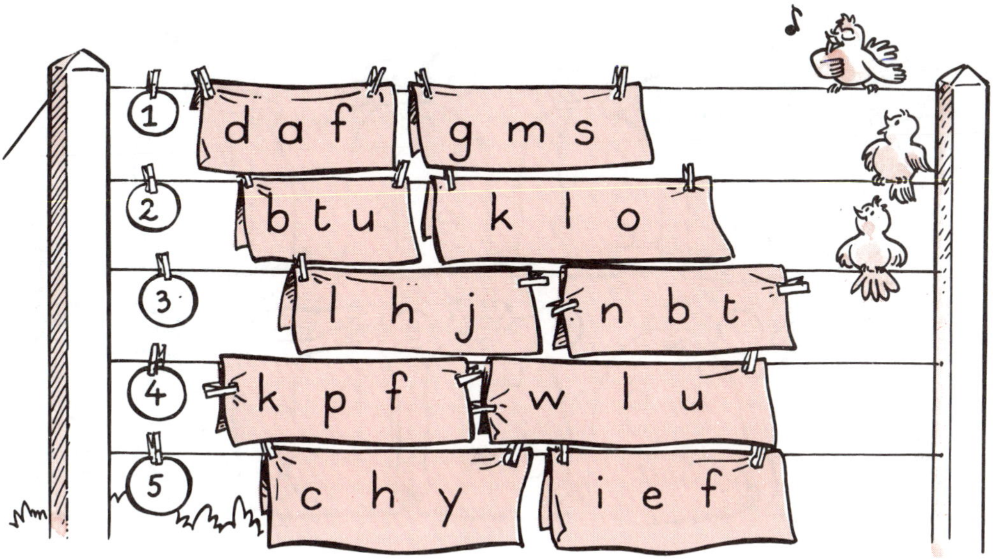

2 Colorie si tu entends (cou).

3 Colorie la lettre qui est

juste après **é** : **é**cole
juste après **d** : jar**d**in

réussite : /10

5 exercices de découverte

Observation

1 Colorie les sacs où tu vois : p

2 Colorie si tu entends (poi).

3 Colorie la lettre qui est

juste après **u** : **rue**
juste après **r** : **porte**

réussite : /10

1 **Colorie les boîtes où tu vois : s**

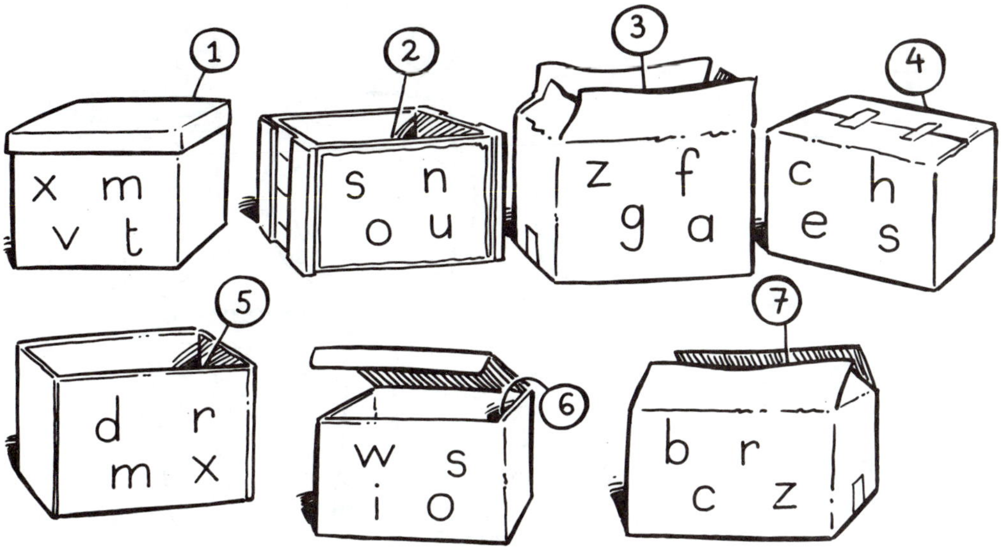

2 **Colorie si tu entends (a).**

3 **Colorie la lettre qui est**

juste avant **t** : chat
juste avant **s** : maison

réussite : /10

7 exercices de découverte

OBSERVATION

1 **Colorie les pots où tu vois : m**

2 **Colorie si tu entends (i).**

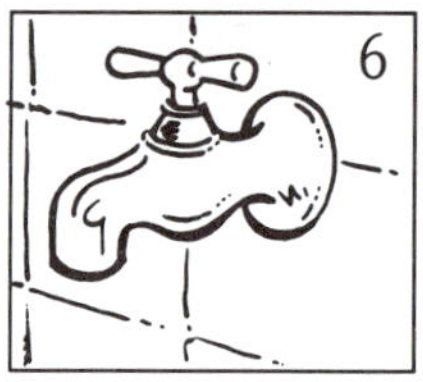

3 **Colorie la lettre qui est**

juste avant **b** : table

juste avant **i** : avion

réussite : /10

1 **Entoure :** b

1	l	d	g	h	p	k	l	d
2	c	f	b	j	l	y	d	h
3	d	p	l	h	k	q	d	w
4	b	t	a	n	q	u	l	k
5	a	g	s	y	h	j	b	m

2 **Colorie si tu entends** (o).

1

2

3

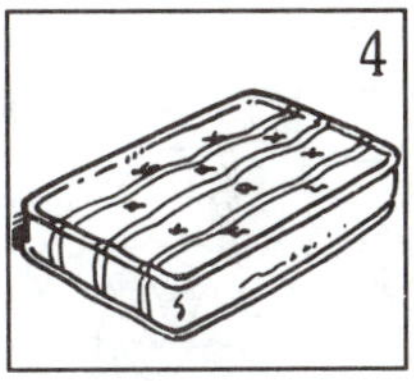
4

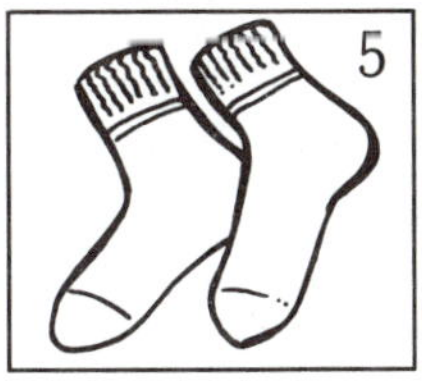
5

6

7

8

3 **Entoure les deux mots qui peuvent aller dans ces « cailloux » :**

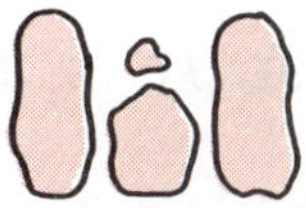

col bol lit dur fil

réussite : /10

9 exercices de découverte

OBSERVATION

1 **Entoure les mots où tu vois :** n

1. vous
2. non
3. mou
4. noix
5. âne
6. hier
7. ami
8. dans

2 **Colorie si tu entends** (é) .

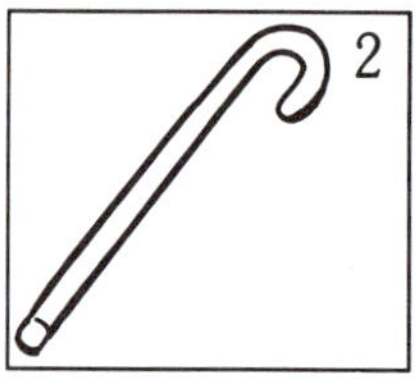

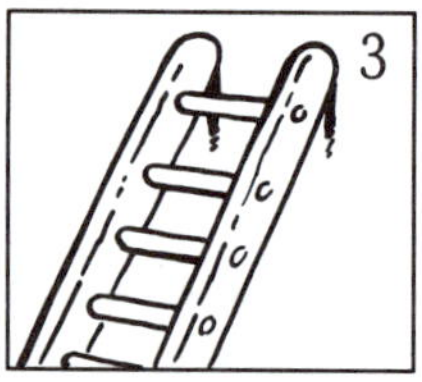

3 **Colorie les lettres qui sont**

entre **a** et **e** : classe

entre **i** et **e** : brique

entre **i** et **o** : pigeon

réussite : /10

1 Entoure les mots où tu vois : d

1. doux **2.** gare **3.** arbre **4.** quoi **5.** midi

6. robe **7.** vide **8.** pré **9.** devoir **10.** blanc

2 Colorie si tu entends u.

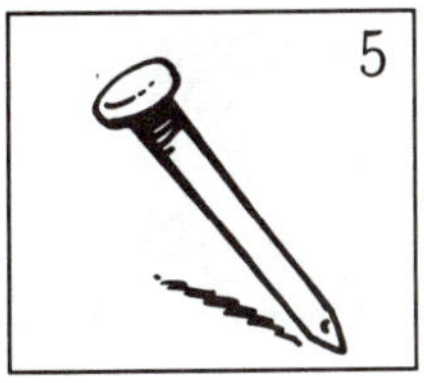

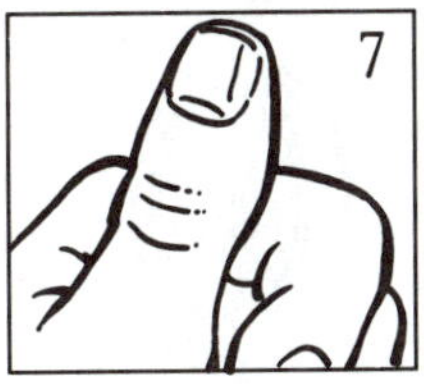

3 Entoure le mot qui va dans ces « cailloux » :

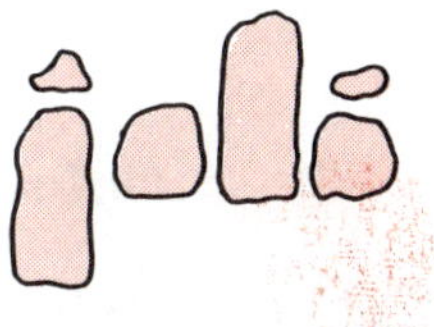

petit école lire joli salé

réussite : /10

11 exercices de découverte

OBSERVATION

1 Entoure les mots où tu vois : ch

1. chat   2. bon   3. vache   4. canard   5. clé

6. cahier   7. niche   8. classe   9. herbe   10. chien

2 Colorie si tu entends (ou) .

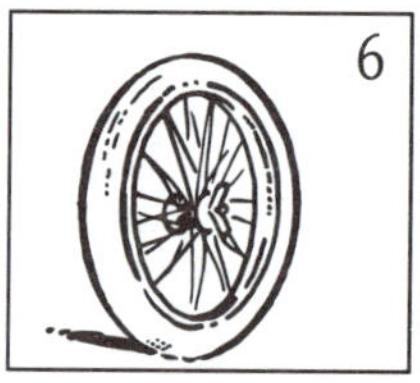

3 Colorie les lettres qui sont :

entre **a** et **e** : chasseur

entre **i** et **e** : musique

entre **u** et **i** : poussin

réussite :   /10

exercices de découverte 12
OBSERVATION

1 **Entoure les mots où tu vois :** ca

1. lac **2.** cave **3.** crabe **4.** col **5.** lecture

6. calcul **7.** bec **8.** carte **9.** sac **10.** cartable

2 **Colorie si tu entends** (in) .

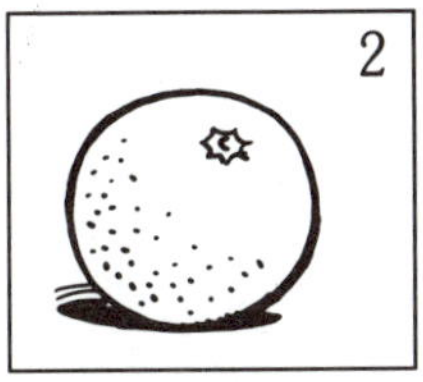

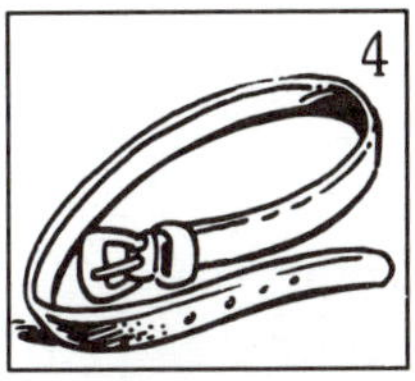

3 **Entoure le mot qui va dans ces « cailloux » :** 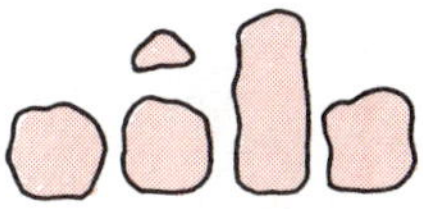

robe ami papa arbre vélo

réussite : /10

Graphèmes, graphies et premières règles d'orthographe

• Chaque leçon est indépendante et peut être faite dans l'ordre correspondant à la méthode de lecture adoptée en classe.

• Les exercices d'une même fiche peuvent être donnés à des moments différents de l'année. Chaque exercice peut être noté sur cinq ou sur dix.

• Les consignes sont lues par l'enseignant.

Comment répondre ?

L'élève recopie des lettres, des mots ou de courtes phrases, suivant la consigne. Lorsqu'un mot doit être complété, il est préférable qu'il soit ensuite entièrement écrit.

a

un chat est un animal.

_a_ a_a_

1 **Écris a si tu entends (a). Si tu n'entends pas (a), mets une croix.** réussite : /5

1. ____

2. ____

3. ____

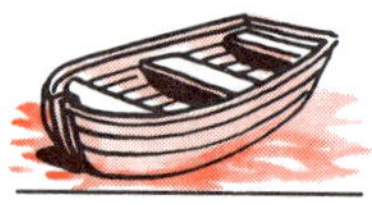

4. ____

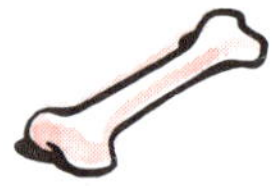

5. ____

2 **Écris les mots qui ont perdu a.** réussite : /5

la l.ne

une v.lise

une c.rte

un vél.

un chev.l

une n.che

une t.ble

un b.llon

3 **Écris les mots qui ont un a.** réussite : /5

un chat • une route • un avion • un dé • une vache • une porte • une cage • un sapin.

i

il a un ami : un canari.

i_ ___i ___i

1 **Écris i si tu entends (i).**
Si tu n'entends pas (i), mets une croix. réussite : /5

    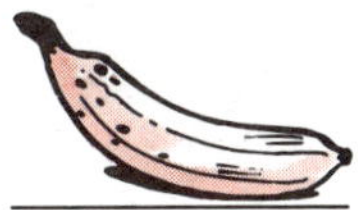

1. ____ 2. ____ 3. ____ 4. ____ 5. ____

2 **Écris les mots qui ont perdu i.** réussite : /5

un dom . no

____

un g . rçon

____

une br . que

____

une cl . che

____

une p . le

____

une b . che

____

un p . t

____

une chem . née

____

3 **Écris les mots qui ont un i.** réussite : /5

la joue • un lit • une prune • rire • mardi • papa • une pipe • un ami.

____

____

o

il a une grosse moto.

_o_ _o_o

1 **Écris** o **si tu entends** (o) **.**
Si tu n'entends pas (o) **, mets une croix.** réussite : /5

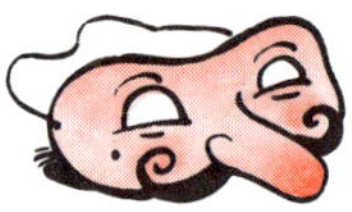    

1. _____ 2. _____ 3. _____ 4. _____ 5. _____

2 **Écris les mots qui ont perdu** o. réussite : /5

une .pingle

une r.be

un d.

un b.l

une c.rde

un c.q

un c.nard

le c.l

3 **Écris les mots qui ont un** o. réussite : /5

une dame • un pilote • un jardin • le dos • de la purée • propre • octobre • une copie.

école il a un vélo.
é___ _é_

1 Écris é si tu entends (é).
Si tu n'entends pas (é), mets une croix. réussite : /5

1. ____ 2. ____ 3. ____ 4. ____ 5. ____

2 Écris les mots qui ont perdu é.
réussite : /5

une cl.
____

un canap.
____

une p.e
____

une lamp.
____

une car.tte
____

un l.phant
____

une poup.e
____

une .glise
____

3 Écris les mots qui ont un é.
réussite : /5

partir • une fête • un vélo • un numéro • une étude • le père • une bouchée • le cinéma.

____

____

u

il a vu un chat barbu.

_u ____u

1 Écris u si tu entends (u).
Si tu n'entends pas (u), mets une croix. réussite : /5

1. ____ 2. ____ 3. ____ 4. ____ 5. ____

2 Écris les mots qui ont perdu u. réussite : /5

un m.r
____

une .sine
____

une r.che
____

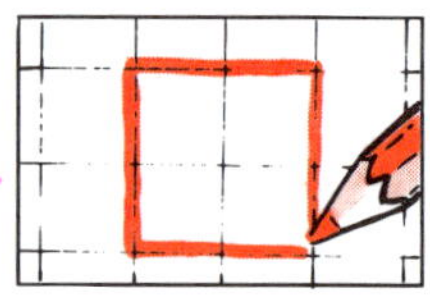
un carr.
____

une bob.ne
____

une sard.ne
____

une voit.re
____

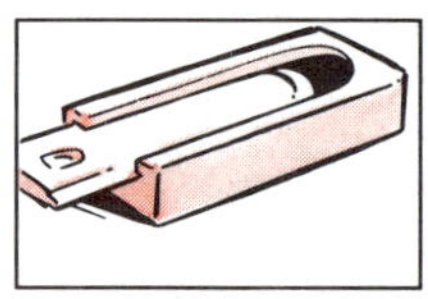
un pl.mier
____

3 Écris les mots qui ont un u. réussite : /5

une rue • une villa • un sucre • le calcul • une nappe • l'écriture • le blé • une plume.

____

____

e

il est revenu à cheval.

_e_e___ __e___

1 **Écris** e **si tu entends** (e) **.**
Si tu n'entends pas (e) **, mets une croix.** réussite : /5

1. ____ 2. ____ 3. ____ 4. ____ 5. ____

2 **Écris les mots qui ont perdu** e. réussite : /5

un r . nard

______

une r . vue

______

un r . bot

______

un ch . min

______

une ch . mise

______

un b . scuit

______

une f . nêtre

______

un l . pin

______

3 **Écris les mots qui ont un** e. réussite : /5

lundi • samedi • un sac • un devoir • venir • midi •
une semaine • un menu.

______

______

f

le café fume.

—f- f—

1 **Écris** f **si tu entends** (f).
Si tu n'entends pas (f), **mets une croix.** réussite : /5

1. ____ 2. ____ 3. ____ 4. ____ 5. ____

2 **Écris les mots qui ont perdu** f. réussite : /5

un .olcan

la .orêt

une .este

la .arine

la .igure

un che.al

une cara.e

le .our

3 **Écris ces mots.** réussite : /5

le chef • du café • une fleur • LE FEU • LA FERME.

de la salade et un os

s___ _s

1

Écris s si tu entends (s).
Si tu n'entends pas (s), mets une croix.

réussite : /5

1. ____

2. ____

3. ____

4. ____

5. ____

2

Écris les mots qui ont perdu s.

réussite : /5

un a.

un our.

un lé.ard

on.e

du .irop

un .èbre

le .oleil

un .ac

3

Écris ces mots dans les bons « cailloux ».

réussite : /5

sel • mars • sable • os • soupe.

ch

chut ! le chat se couche.
ch__ ch__ __ch_

1 **Écris ch si tu entends (ch).**
Si tu n'entends pas (ch), mets une croix. réussite : /5

1. ______ 2. ______ 3. ______ 4. ______ 5. ______

2 **Écris les mots qui ont perdu ch.** réussite : /5

une ni . e
______

du .ambon
______

la po . e
______

une va . e
______

un .eval
______

la .oue
______

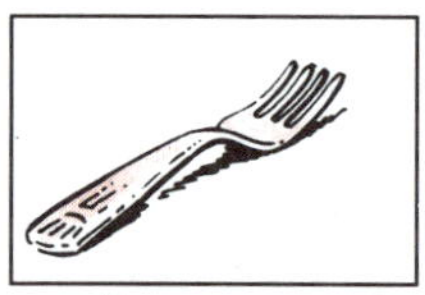
une four . ette
______

des .umeaux
______

3 **Écris le bon mot pour chaque dessin.** réussite : /5

boucle
bouche
______

bouchon
mouton
______

tordu
torchon
______

cochon
coton
______

planche
plante
______

V

la voiture va vite.

v_____ v_ v_

1 **Écris v si tu entends (v).**
Si tu n'entends pas (v), mets une croix. réussite : /5

   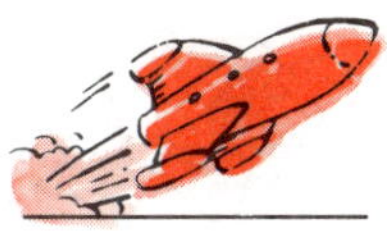 

1. ____ 2. ____ 3. ____ 4. ____ 5. ____

2 **Écris les mots qui ont perdu v.** réussite : /5

une .lèche

un la.abo

un .élo

une .euille

des li.res

des élè.es

la con.iture

un .ase

3 **Écris les mots qui ont un v.** réussite : /5

une cave • du tissu • vendredi • le vin • juste •
un aviateur • avoir • la nature.

j

elle a une jolie jupe.
j— j—

1 **Écris j si tu entends (j). Si tu n'entends pas (j), mets une croix.** réussite : /5

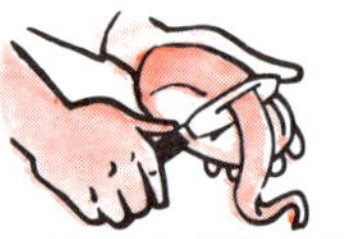    

1. ______ 2. ______ 3. ______ 4. ______ 5. ______

2 **Écris les mots qui ont perdu j.** réussite : /5

du . ocolat
______

une . upe
______

une ru . e
______

un . ardin
______

un py . ama
______

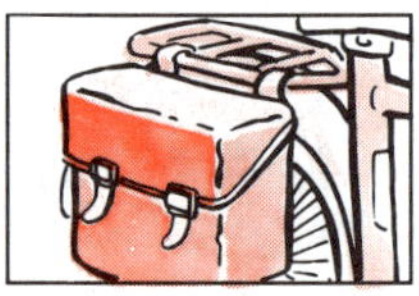

une saco . e
______

des ma . uscules
______

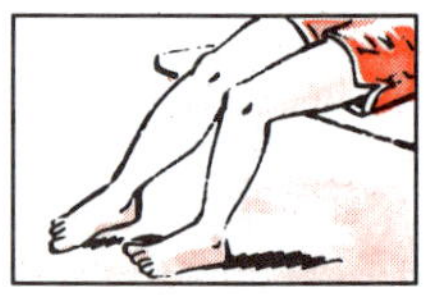

les . ambes
______

3 **Écris les mots qui ont un j.** réussite : /5

jeudi • une image • grand • joli • petit • le jour • une étude • jaune • un chien • janvier.

______

______

m

maman marche sur le chemin.

m_m__ m____ ____m__

1 **Écris m si tu entends (m).**
Si tu n'entends pas (m), mets une croix. réussite : /5

   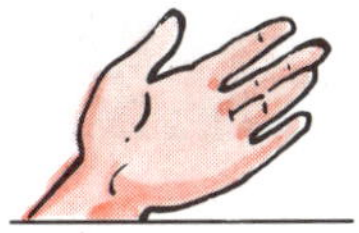 

1. ____ 2. ____ 3. ____ 4. ____ 5. ____

2 **Écris les mots qui ont perdu m.** réussite : /5

il .eige

____

une po. . e

____

un â . e

____

une .aison

____

une .oto

____

une .ontre

____

une .ouche

____

une .appe

____

3 **Aide-toi des dessins pour trouver les mots.**
Écris-les. réussite : /5

____

r

il répare la porte.

r___r_ ___r_

1 **Écris r si tu entends (r). Si tu n'entends pas (r), mets une croix.** réussite : /5

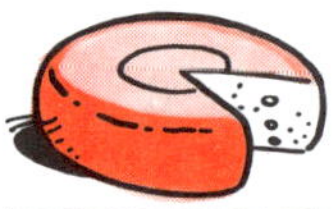
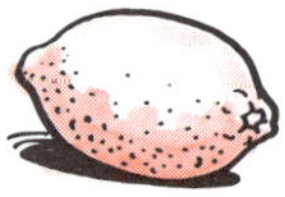

1. ____ 2. ____ 3. ____ 4. ____ 5. ____

2 **Écris les mots qui ont perdu r.** réussite : /5

un jou.nal

l'on.le

un ca.table

une ma.mite

l'ai.e

une to.tue

une c.ochette

une tou.

3 **Écris le bon mot pour chaque dessin.** réussite : /5

porte
poste

riche
niche

roue
joue

rat
plat

rame
femme

ou

elle roule sur la route.

_ou_ _ou_

1 **Écris** ou **si tu entends** (ou) **.**
Si tu n'entends pas (ou) **, mets une croix.**

réussite : /5

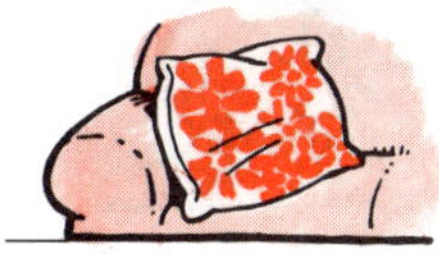

1. ____ 2. ____ 3. ____ 4. ____ 5. ____

2 **Écris les mots qui ont perdu** ou.

réussite : /5

la r . te

une b . le

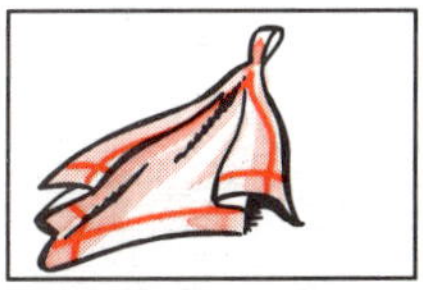

un torch .

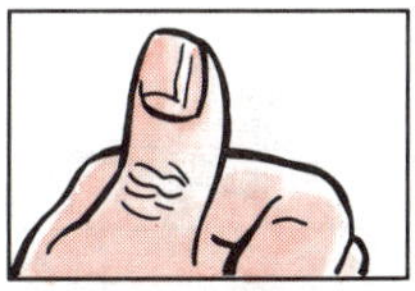

le p . ce

une br . ette

un b . b .

il t . sse

une . tenne

3 **Complète par** ou **ou par** on.

réussite : /5

une m___che • une p___le • une mais___ • un sal___ •
de la m___tarde.

1

il lit le journal.
_l l_ l_ ______l

1 **Écris l si tu entends (l).**
Si tu n'entends pas (l), mets une croix.

réussite : /5

1. ______ 2. ______ 3. ______ 4. ______ 5. ______

2 **Écris les mots qui ont perdu l.**

réussite : /5

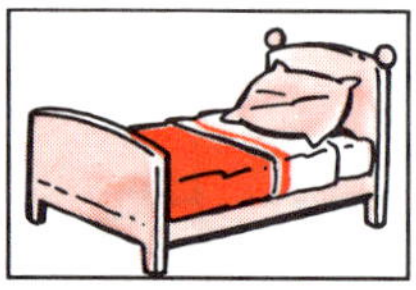
un .it
______

un .apin
______

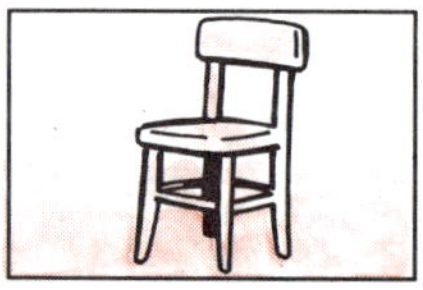
une c.aise
______

une f.eur
______

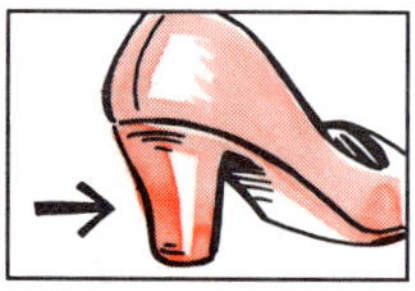
le ta.on
______

une ca.quette
______

un ca.ard
______

du .ait
______

3 **Les mots à trouver se terminent tous par la lettre l. Écris-les.**

réussite : /5

 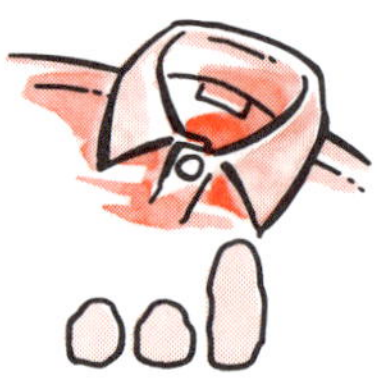 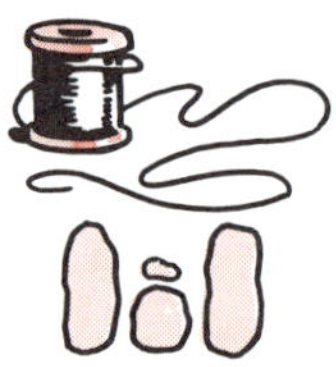  

______ ______ ______ ______ ______

n

le canard est dans la niche.

__n__ n__

1

Écris n **si tu entends** (n) **.**
Si tu n'entends pas (n) **, mets une croix.**

réussite : /5

1. ____ 2. ____ 3. ____ 4. ____ 5. ____

2

Écris les mots qui ont perdu n.

réussite : /5

une bobi . e

une tarti . e

un ho . . e

un . id

un . uage

une ar . oire

une ba . a . e

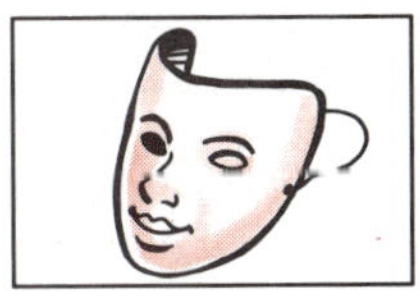

un . asque

3

Écris les mots qui ont un n.

réussite : /5

la nuit • madame • les mots • venir • les nombres • l'armoire • la fenêtre • l'âne.

è ê

il va à la fête avec son frère.

ê è

1 **Écris ces mots avec è.** réussite : /5

un man.ge	une vip.re	un tr.fle	un z.bre	un li.vre

2 **Écris ces mots avec ê.** réussite : /5

une b.che	un p.cheur	une ar.te	une p.che	une fen.tre

3 **Classe ces mots en deux groupes : ceux qui ont è et ceux qui ont ê.** réussite : /10

la fête • sa mère • son père
la tête • son frère • un rêve
une bête • une rivière
la forêt • la crème

è	ê

oi

le roi des oiseaux fait sa toilette.

_oi   oi______   _oi______

1 **Écris** oi **si tu entends** (oi) **.**
Si tu n'entends pas (oi) **, mets une croix.**   réussite :   /5

1. _____

2. _____

3. _____

4. _____

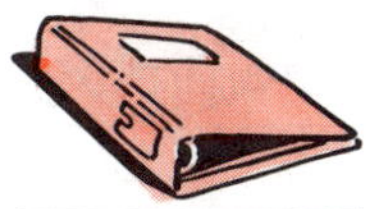
5. _____

2 **Écris les mots qui ont perdu** oi.   réussite :   /5

une v . le
____

une ard . se
____

des p . tins
____

un p . sson
____

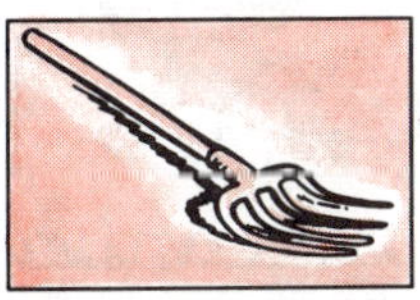
une f . rche
____

des moust . ches
____

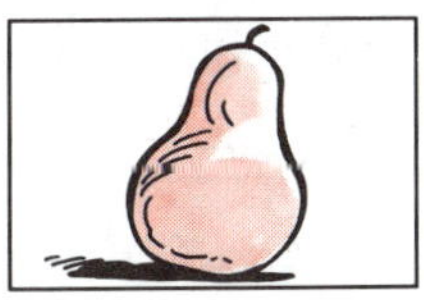
une p . re
____

une   . e
____

3 **Complète par** oi **ou par** a.   réussite :   /5

Dans le tir___r de l'arm___re, il y ___ des c___rtes à jouer et des mouch___rs.

____

____

p

papa répare la poupée.

p-p- -p- p-p-

1 **Écris p si tu entends (p).**
Si tu n'entends pas (p), mets une croix. réussite : /5

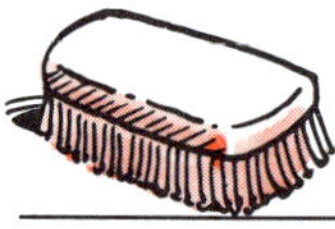 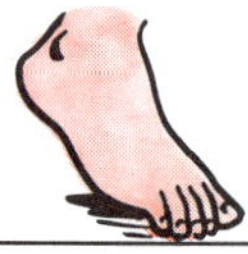   

1. ____ 2. ____ 3. ____ 4. ____ 5. ____

2 **Écris les mots qui ont perdu p.** réussite : /5

le .oucher

______

le .ilote

______

le .êcheur

______

un .anier

______

un ta.ouret

______

un .oste

______

un hi.ou

______

un .antin

______

3 **Écris le bon mot pour chaque dessin.** réussite : /5

poule
boule

______

pêche
bêche

______

pain
bain

______

pépé
bébé

______

pas
bas

______

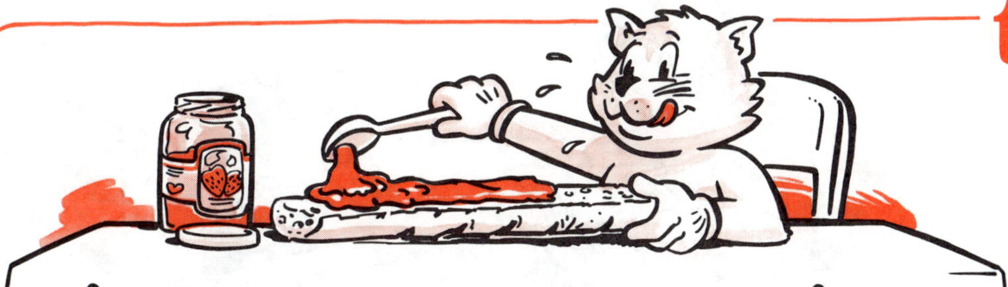

il prépare une tartine de confiture.
t_t___   _____t___

1 **Écris t si tu entends (t).**
Si tu n'entends pas (t), mets une croix.   réussite : /5

1. ____ 2. ____ 3. ____ 4. ____ 5. ____

2 **Écris les mots qui ont perdu t.**   réussite : /5

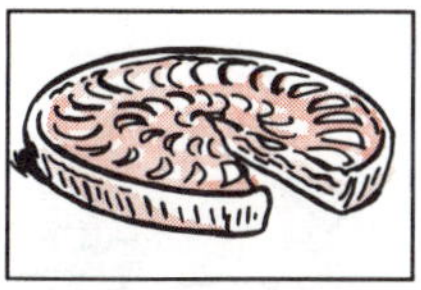
une .ar.e
______

un .oit
______

un ca.re
______

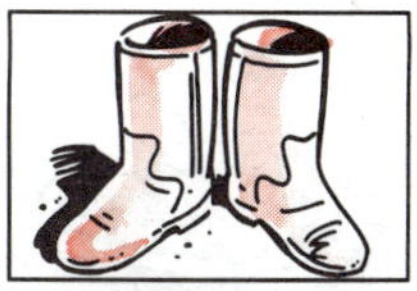
des bo..es
______

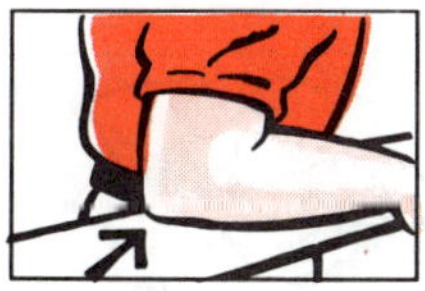
le cou.e
______

une voi.ure
______

une .ulipe
______

un bi.on
______

3 **Continue la série en complétant.**   réussite : /5

une fourch**ette** ______
une brou**ette** ______
une viol**ette** ______
une cach___ ______

une poch___ ______
une assi___ ______
une bav___ ______
la toil___ ______

on

le chaton est dans le carton.

____ on ____ on

1 **Écris** on **si tu entends** (on) .
Si tu n'entends pas (on) **, mets une croix.** réussite : /5

   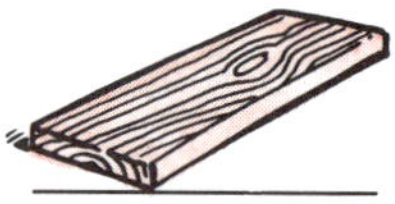 

1. ____ 2. ____ 3. ____ 4. ____ 5. ____

2 **Écris les mots qui ont perdu** on. réussite : /5

un sav .

une br . che

un biber .

la m . tagne

un m . lin

un mel .

un tab . ret

un cart .

3 **Complète par** on **ou par** an. réussite : /5

mam___ • un petit garç___ • dim___che • le m___de •
un moucher___ .

c

il est caché dans le sac.

c___ ___c

1 **Écris c si tu entends (c).**
Si tu n'entends pas (c), mets une croix. réussite : /5

1. ____ 2. ____ 3. ____ 4. ____ 5. ____

2 **Écris les mots qui ont perdu c.** réussite : /5

du .afé

une .age

un ai.le

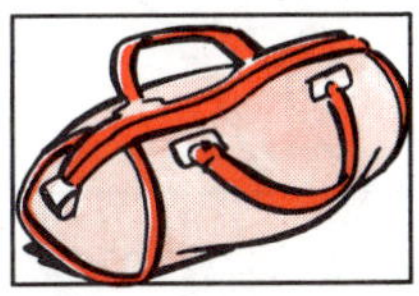

un sa.

un ma.asin

une é.ole

un .œur

un .lobe

3 **Écris ces mots dans les bons « cailloux ».** réussite : /5
clou • cahier • carnet • culotte • courge.

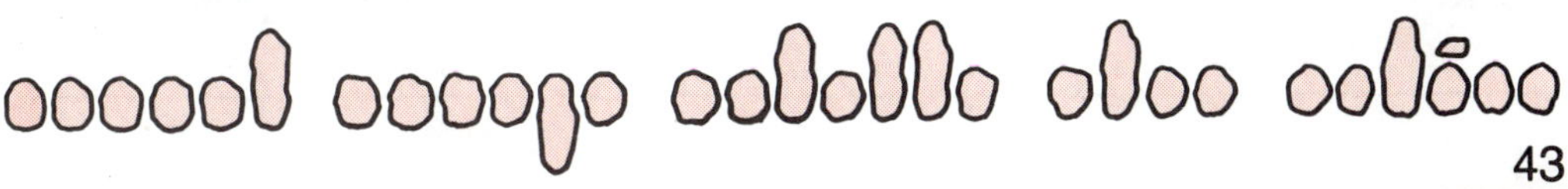

b

le ballon est sous la table.

b____ __b_

1 **Écris b si tu entends (b).**
Si tu n'entends pas (b), mets une croix. réussite : /5

1. ____ 2. ____ 3. ____ 4. ____ 5. ____

2 **Écris les mots qui ont perdu b.** réussite : /5

 une .ranche

 une .rison

 un .on.on

 une .ou.ée

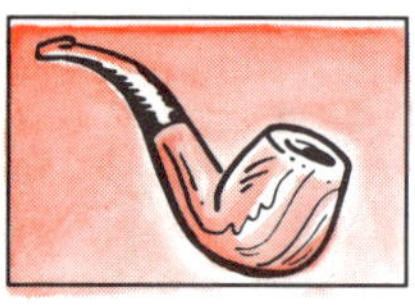 une .i.e

 la .ar.e

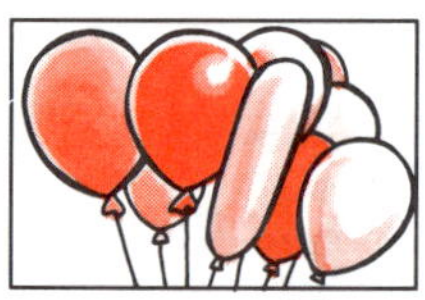 des .allons

 une ta.le

3 **Écris le bon mot pour chaque dessin.** réussite : /5

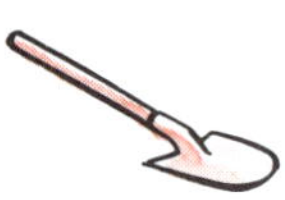    

belle	boire	bon	bois	beau
pelle	poire	pont	pois	pot

d

le dindon dodu dort.

d_d_ d_d_ d_

1 **Écris d si tu entends (d).**
Si tu n'entends pas (d), mets une croix. réussite : /5

1. ____ 2. ____ 3. ____ 4. ____ 5. ____

2 **Écris les mots qui ont perdu d.** réussite : /5

un .rèfle

____

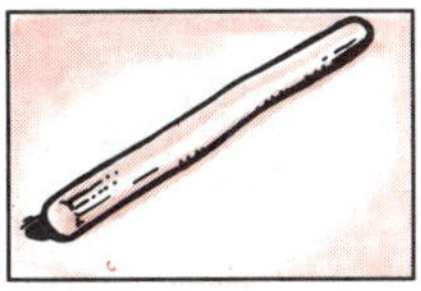

un bâ.on

____

un .é

____

une .ame

____

une ron.e

____

une fon.aine

____

un bi.on

____

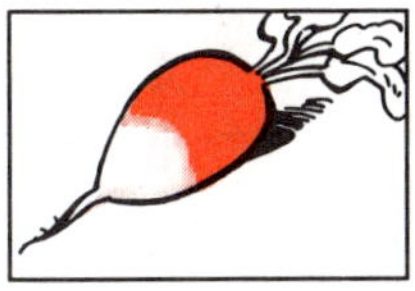

un ra.is

____

3 **Écris le bon mot pour chaque dessin.** réussite : /5

dent
banc

____

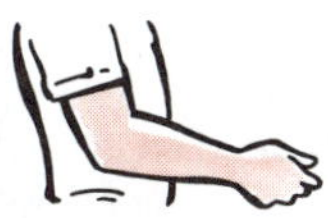

drap
bras

____

doigt
toit

____

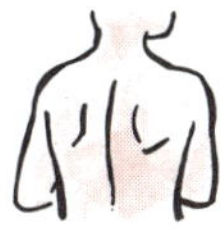

dos
tôt

____

douche
bouche

____

g

le garde a une figure sévère.

g—   –g—

1 **Écris g si tu entends (g). Si tu n'entends pas (g), mets une croix.** réussite : /5

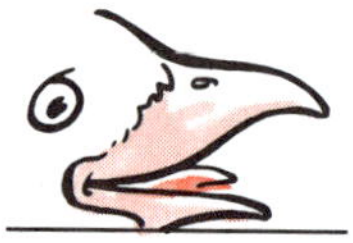   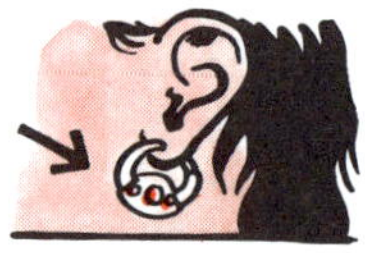 

1. ______ 2. ______ 3. ______ 4. ______ 5. ______

2 **Écris les mots qui ont perdu g.** réussite : /5

 le .ou

______

 du cho.olat

______

 un .ar

______

 une .are

______

 une é.lise

______

 un .âteau

______

 des lé.umes

______

 un .arçon

______

3 **Écris le bon mot pour chaque dessin.** réussite : /5

 gomme / comme ______

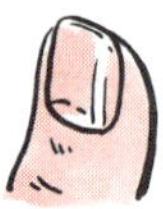 ongle / oncle ______

 gros / croc ______

 gris / cri ______

 gant / camp ______

gn

une araignée se peigne.

___gn_ ___gn_

1 **Écris** gn **si tu entends** (gn) .
Si tu n'entends pas (gn) **, mets une croix.**

réussite : /5

1. ______ 2. ______ 3. ______ 4. ______ 5. ______

2 **Écris les mots qui ont perdu** gn.

réussite : /5

la vi . e

______

la . uit

______

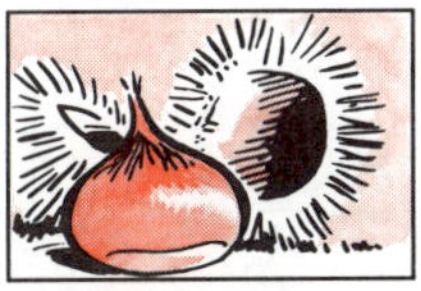

une châtai . e

______

gui . ol

______

des . uages

______

il a ga . é.

______

un pal . ier

______

un chi . on

______

3 **Écris ces mots.**

réussite : /5

la montagne • la campagne • un signal •
UNE LIGNE • IL SE BAIGNE.

______

______

in

le lapin est sur le chemin du moulin.

___in ___in ___in

1 **Écris** in **si tu entends** (in) .
Si tu n'entends pas (in) **, mets une croix.** réussite : /5

  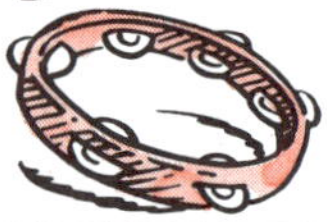  

1. ___ 2. ___ 3. ___ 4. ___ 5. ___

2 **Écris les mots qui ont perdu** in. réussite : /5

un cray.

un vois.

un m. teau

un bouch.

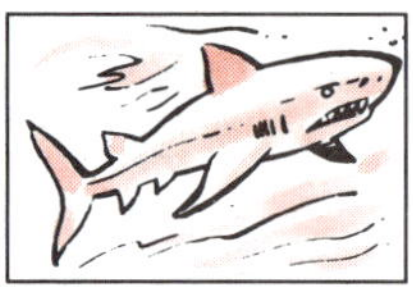

un requ.

un moul.

son cous.

un d. don

3 **Complète par** in **ou par** on. réussite : /5

b___jour • un dess___ • du cot___ • du v___ • la f___ du film.

an en

il enfile un pantalon.

en___ _an_____

1 **Écris** an **si tu entends** an .
Si tu n'entends pas an **, mets une croix.** réussite : /5

1. ____ 2. ____ 3. ____ 4. ____ 5. ____

2 **Classe ces mots en deux groupes :**
ceux qui ont en **et ceux qui ont** an . réussite : /10

	en	an
une orange • prendre		
un pantalon • une dent		
entrer • une danse		
le vent • des parents		
le menton • un banc		

3 **Complète par** an **ou par** in. réussite : /5

un lap___ • une pl___che • la l___gue • le mat___ •
une ch___son.

4 **Complète par** en **ou par** in. réussite : /5

v___dredi • une d___de • le v___tre • une p___dule •
un chem___ .

Z

le lézard imite le zèbre.

z z

1 **Écris z si tu entends (z).**
Si tu n'entends pas (z), mets une croix.

réussite : /5

1. ______

2. ______

3. ______

4. ______

5. ______

2 **Écris les mots qui ont perdu z.**

réussite : /5

.éro

une .este

on.e

des mou.taches

dou.e

il est tri.te

trei.e

quator.e

3 **Écris ces mots.**

réussite : /5

le gazon • un zoo • un bazar • un zébu • quinze.

le phoque téléphone à l'éléphant.

ph___ ___ph___ ___ph___

1 **Écris** ph **si tu entends** (fff) .
Si tu n'entends pas (fff) **, mets une croix.** réussite : /5

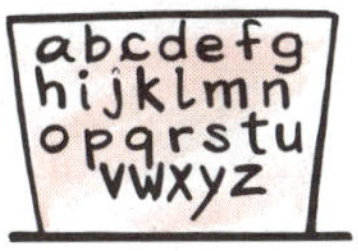

1. ___ 2. ___ 3. ___ 4. ___ 5. ___

2 **Ces mots s'écrivent avec** ph. **Écris-les.** réussite : /5

un télé___one des ___ares

___ ___

un élé___ant la ___armacie un ___oque

___ ___ ___

3 **Recopie les prénoms où le son** (fff) **s'écrit** ph. réussite : /5

Sophie • Pascale • Mathias • Philippe • Christophe • Christine • Delphine • Thomas • Fabrice • Stéphanie.

___

___

au
eau

il a chaud avec son manteau.
au — eau

1 **Écris** eau **si tu entends** eau .
Si tu n'entends pas eau **, mets une croix.** réussite : /5

1. ____ 2. ____ 3. ____ 4. ____ 5. ____

2 **Classe ces mots en deux groupes :**
ceux qui ont au **et ceux qui ont** eau. réussite : /10

une taupe • une auto
un corbeau • autour
de l'eau • un moineau
jaune • chaud • un veau
un poireau

au	**eau**
____	____
____	____
____	____
____	____
____	____

3 **Complète la série suivante :** réussite : /5

un cad**eau** ____
un cout____ ____
un ois____ ____
un tabl____ ____
un chap____ ____
un bur____ ____

4 **Complète la série suivante :** réussite : /5

un drap**eau** • un cham**eau** • un mant____ • un berc____ •
un mart____ • un plat____ • un rid____.

____

____

eu
œu

une tartine de beurre et un œuf.
_eu_ œu_

1 **Écris** eu **si tu entends** (eu) .
Si tu n'entends pas (eu) **, mets une croix.**

réussite : /5

1. ____ 2. ____ 3. ____ 4. ____ 5. ____

2 **Ces mots s'écrivent avec** œu.
Complète-les.

réussite : /5

un . f ____ sa s . r ____ un b . f ____ le c . r ____ un n . d ____

3 **Complète.**

réussite : /5

il chante, c'est un chant**eur** ____________
il chasse, c'est un chass____ ____________
il joue → un jou____ ____________
il pêche → un pêch____ ____________
il fume → un fum____ ____________
il danse → un dans____ ____________

ai
ei

la maison est sous la neige.
ai ei

1

Écris ai **si tu entends** (ai) **.**
Si tu n'entends pas (ai) **, mets une croix.**

réussite : /5

 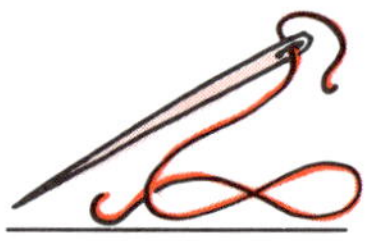  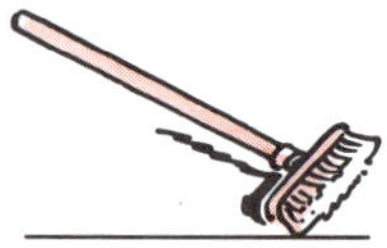 

1. ______ 2. ______ 3. ______ 4. ______ 5. ______

2

Ces mots s'écrivent avec ai.
Complète-les.

réussite : /5

la l . ne — une ch . se — du r . sin — une cr . e — du l . t

3

Classe ces mots en deux groupes :
ceux qui ont ai **et ceux qui ont** ei.

réussite : /10

	ai	ei
la neige • faire		
une maison • une reine		
un balai • la peine		
aimer • un peigne		
de l'air • une aile		

e = è

le merle joue avec l'escargot.
(è) (è)

1 **Écris les mots où la lettre** e **correspond au son** (è). réussite : /5

la mer • un enfant • le chef • un oiseau • un cheval • vert • la chaleur • un chien • un bouquet • perdu.

____

____

2 **Complète par** e **ou par** a. réussite : /5

 ber ceau  p_r le  s_r pent

 b_r be  c_r ton  h_r be

3 **Complète par** e **ou par** o. réussite : /5

pos te  v_s te  _s car got

 b_c  r_c tan gle 

_c to bre

4 **Complète par** et **ou par** ette. réussite : /10

un poul____ • une cach____ • un jou____ • une brou____
une cloch____ • un robin____ • une fourch____
un bill____ • un carn____ • une chou____ .

pr cr fr

p	pr	prune
c	cr	cravate
f	fr	fromage

b	br	brebis
g	gr	grappe
v	vr	livre

1 **Complète par :**

tr / t 
une . artine

cr / c 
une . asserole

br / b 
. avo!

dr / d 
à . oite

vr / v 
une chè . e

2 **Complète par :**

tr / dr 
un ca . e

cr / gr 
une . otte

fr / vr 
les lè . es

pr / br 
un . ochet

pr / br 
une cham . e

3 **Complète par :**

réussite : /5

dr, d ou **tr** → il va cou__e le bouton.
il va pren__e le train.
l'au__uche court vite.

gr, g ou **cr** → elle su__e son café.
elle a __andi.

pl cl fl

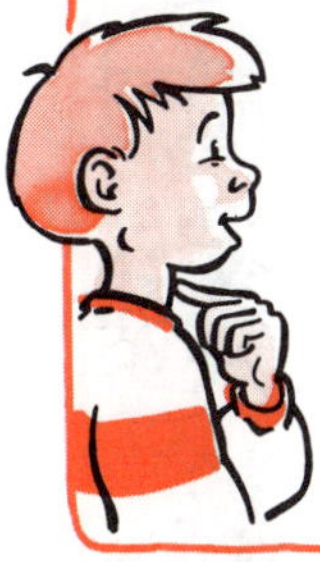

p pl plume
c cl clé
f fl fleur

b bl blanc
g gl glace

1 **Complète par :**

cl / c

une . aravane

bl / b

un meu . e

gl / g
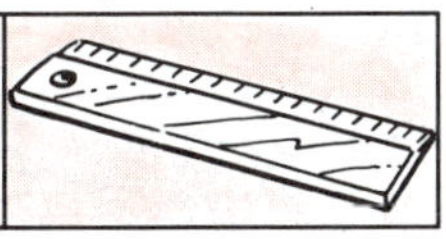
une rè . e

fl / f

une . amme

pl / p

un para . uie

2 **Complète par :**

cl / gl
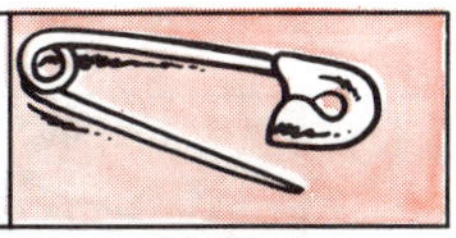
une épin . e

cl / gl

ses mus . es

pl / bl

ensem . e

cl / gl

il é . ate

pl / bl

un éta . i

3 **Complète par** bl, b **ou** pl.

réussite : /5

il __ante un arbre.
il a ou__ié son livre.
la voiture dou__e le camion.
la neige tom__e.
les vaches sont à l'éta__e.

ia / ai
ie / ei
io / oi

piano ia (i)

miel ie (è)

violon io

ai | è — maison

ei | è — neige

oi — oiseau

1 **Complète par :**

io / oi

une v . lette

ie / ei

une bal . ne

ia / ai

un p . no

io / oi

une ard . se

ia / ai

un av . teur

2 **Complète par :**

io / oi

une p . che

ie / ei
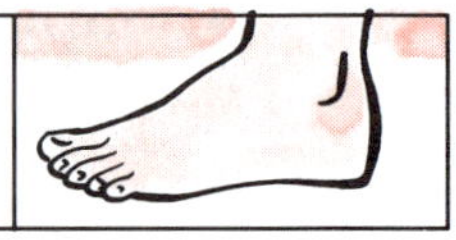
un p . d

ia / ai

un rad . teur

io / oi

un char . t

ia / ai

une l . sse

3 **Écris les mots qui ont** ia **et** io. réussite : /5

le mariage • une toile • la radio • une caisse • un viaduc • une brioche • de la laine • un couloir • une liane.

ia : ______________________

io : ______________________

l'escargot a peur du crabe.

car — cra

car
cra

1 **Complète par** car **ou** cra. réussite : /5

une ____te

un ____paud

un ____table

un pla____d

une ____vate

2 **Complète par :**

tro / tor

une ____tue

cro / cor

une ____beille

bri / bir
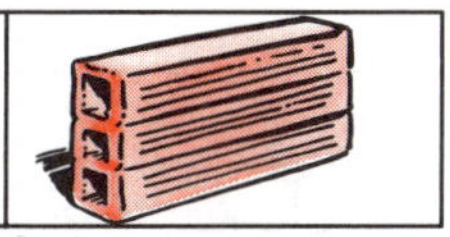
une ____que

bro / bor

une ____ne

tra / tar

un ____cteur

3 **Complète par :** réussite : /5

dra ou **dar** : un ____peau.
tru ou **tur** : une au____che • une voi____e.
gra ou **gar** : le ____dien • une ____ppe.

pal
pla

un palmier la plage

1 **Complète par :**

clo / col

une ....che

plu / pul

une ....me

bla / bal

un ....con

pla / pal

des ....mes

gla / gal

des ....çons

2 **Complète par :**

flo / fol

des ....cons

bli / bil

un ta....er

clo / col

un ....lier

fla / fal

un ....con

pla / pal

un ....teau

3 **Complète par :**

réussite : /5

fil ou **fli** : on a ____mé le bébé.
cal ou **cla** : une leçon de ____cul • la porte ____que.
pal ou **pla** : un ____teau à fromages.
gil ou **gli** : faire des ____ssades.

que qui gue gui

que | une barque

qui | un requin

gue | la langue

gui | une guitare

1 **Classe ces mots en deux groupes :**
ceux qui ont qu **et ceux qui ont** gu.

réussite : /10

qu **gu**

une bague • un cirque
une brique • une figue
une barque • la fatigue
une baguette • un disque
longue • un piquet

2 **Écris ces mots, puis entoure la lettre**
qui est juste après u.

réussite : /5

la langue • la musique • un bouquet • une vague •
une casquette.

3 **Écris ces mots, puis entoure la lettre**
qui est juste après u.

réussite : /5

une guitare • un requin • un guidon • un liquide •
une guirlande.

ge gi ce ci ç

1 **Écris ces mots, puis entoure la lettre qui est juste** après g. réussite : /5

un nuage • une girafe • un fromage • une orange • un gilet.

2 **Écris ces mots, puis entoure la lettre qui est juste** après c. réussite : /5

un citron • une pièce • un cirque • merci • une puce.

3 **Quand** g **s'entend** (jjj) **et quand** c **s'entend** (sss) **, quelles lettres y a-t-il juste** après g **et** c **?** réussite : /5

4 **Écris les mots qui ont** ç **, puis entoure la lettre qui est juste** après ç. réussite : /5

un garçon • un Français • un maçon • une leçon • il a reçu une carte postale.

oin

elle a un chapeau pointu.
oin

1 Écris les mots qui ont perdu oin.

réussite : /5

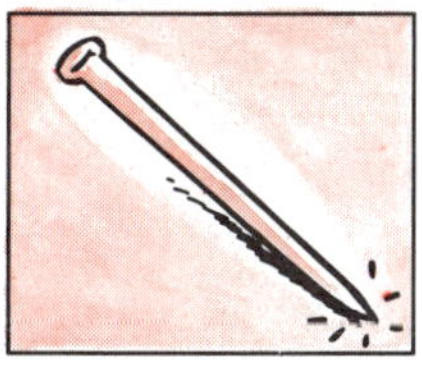
une p . te
______

la v . le
______

un lap .
______

dans le c .
______

un p . g
______

un chem .
______

du f .
______

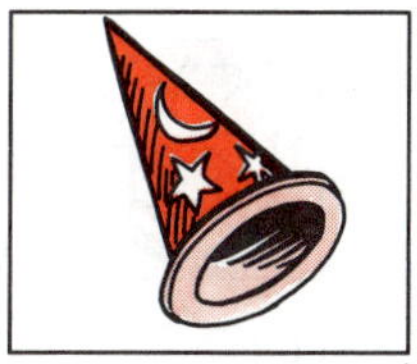
il est p . tu
______

2 Complète par oin.

réussite : /5

c'est l____ . ______
j'en ai bes____ . ______
le p____t sur le i. ______
il en a m____s. ______
il a pris s____ de son chat. ______

ain ein

ain
ein

il repeint le train.
___ein_ _ain

1 **Écris ces mots avec** ain. réussite : /5

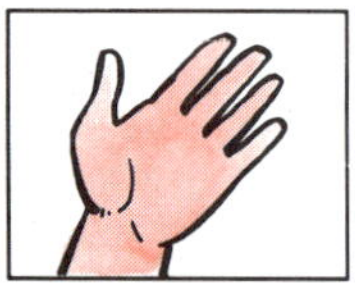
1. ______

2. ______

3. ______

4. ______

5. ______

2 **Écris les mots qui ont perdu** ein. réussite : /5

de la p . ture
______

il est p . tu
______

il est pl .
______

c'est le m .
______

un ch .
______

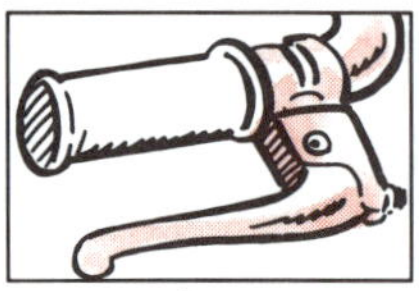
un fr .
______

une c . ture
______

c'est ét . t
______

3 **Classe ces mots en deux groupes :**
ceux en ain **et ceux en** ein. réussite : /10

vilain • repeindre • demain • un refrain • maintenant • le sein • soudain • les reins • prochain • le lendemain.

ain : ______

ein : ______

ion

i

ion

le lion arrête le camion.

_ion ____ ion

1 **Écris** ion **si tu entends** (ion).
Si tu n'entends pas (ion), **mets une croix.** réussite : /5

$$\begin{array}{r} 10 \\ +10 \\ \hline 20 \end{array}$$

1. ____ 2. ____ 3. ____ 4. ____ 5. ____

2 **Complète par** ion **ou par** on. réussite : /5

un av. ____ un champ. ____ un wag. ____ un scorp. ____ elle pl. ge ____

3 **Complète par** ion **ou par** oin. réussite : /5

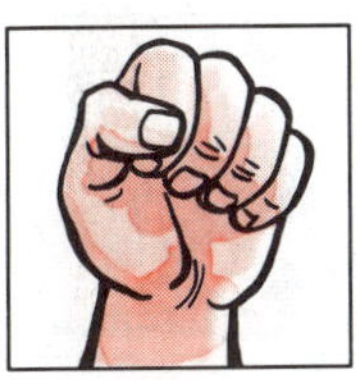

$$\begin{array}{r} 14 \\ \times 2 \\ \hline \end{array}$$

la direct. ____ le p . g ____ un lamp. ____ il est l. ____ une opérat. ____

ien

c'est un chien musicien.
___ien ______ien

1

Écris ien **si tu entends** (ien) .
Si tu n'entends pas (ien) **, mets une croix.**

réussite : /5

1. ____ 2. ____ 3. ____ 4. ____ 5. ____

2

Complète par ien **ou par** in.

réussite : /5

un chem. ______ | un ch. ______ | rev . s ______ | des pouss . s ______ | un magic. ______

3

Complète par ien **ou par** ein.

réussite : /5

un music. ______ | un gard. ______ | un fr. ______ | la p. ture ______ | un chirurg. ______

un papillon _ill_
un maillot _aill_
une feuille _euill_
une grenouille _ouill_

ill
aill
euill
ouill

1 **Écris** ill **si tu entends** (ill).
Si tu n'entends pas (ill), **mets une croix.** réussite : /5

1. ____

2. ____

3. ____

4. ____

5. ____

2 **Classe ces mots en deux groupes :**
ceux qui ont ill **et ceux qui ont** ouill. réussite : /10

	ill	ouill
une fille • une grenouille	____	____
une famille • se mouiller	____	____
une bouillie • fouiller	____	____
des billes • de la rouille	____	____
un papillon • une chenille	____	____

3 **Classe ces mots en deux groupes : ceux qui ont** ail
(**ou** aill) **et ceux qui ont** euil (**ou** euill). réussite : /10

	ail, aill	euil, euill
	____	____
une médaille • de la paille	____	____
une feuille • des mailles	____	____
une bataille • un fauteuil	____	____
un travail • des écailles	____	____
un écureuil • le feuillage	____	____

aill
eill

un portail
_ail
(a)

il travaille
_aille
(a)

le soleil
_eil
(è)

une bouteille
_eille
(è)

1 **Écris** ail **si tu entends** (ail) .
Si tu n'entends pas (ail) **, mets une croix.** réussite : /5

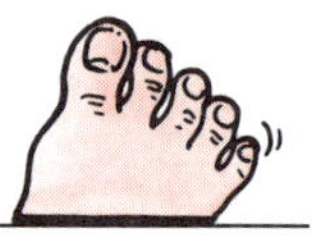   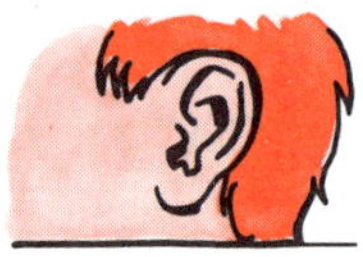 

1. ______ 2. ______ 3. ______ 4. ______ 5. ______

2 **Écris** eill **si tu entends** (eill) .
Si tu n'entends pas (eill) **, mets une croix.** réussite : /5

1. ______ 2. ______ 3. ______ 4. ______ 5. ______

3 **Classe ces mots en deux groupes : ceux qui ont** ail **(ou** aill**) et ceux qui ont** eil **(ou** eill**).** réussite : /10

le soleil • des écailles
un caillou • une bouteille
un portail • une corbeille
une caille • un réveil
une abeille • une oreille

ail, aill	**eil, eill**
______	______
______	______
______	______
______	______
______	______
______	______

y = i — y = i i

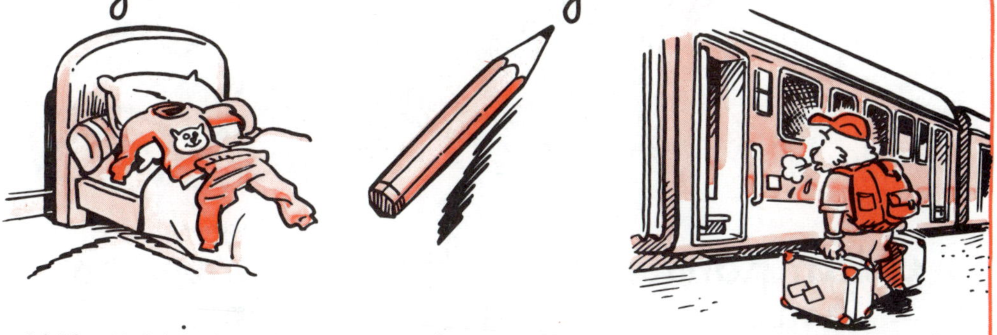

un pyjama (i) — un crayon (ai) (ion) — un voyageur (oi) (ia)

1 **Écris les mots qui ont** oy. réussite : /5

une journée • un voyage • une oie • joyeux •
une voyelle • une girafe • une ligne • un voyageur •
une poire • aboyer.

2 **Écris les mots qui ont** ay. réussite : /5

un crayon • un pays • un singe • juillet • un paysan •
une montagne • un visage • un régime • un rayon •
un paysage.

3 **Recopie les prénoms où le son (i) s'écrit** y. réussite : /5

Mireille • Yves • Jacques • Lydie • Cyril • Agnès •
Thierry • Jérôme • Sylvie • Brigitte.

am
em
im
om

il tamponne le timbre des pompiers.
am ______ im ___ om ______

1 **Classe ces mots en deux groupes : ceux qui ont** n **et ceux qui ont** m . réussite : /10

une chambre • une trompe • une tondeuse • un rang • une pompe • une rampe • une ombre • une lampe • un chanteur • un pont.

n : ________________________________

m : ________________________________

2 **Écris ces mots, puis entoure la lettre qui est juste** après m. réussite : /5

un tambour • un pompier	________________
un timbre • simple	________________
un champignon	________________

3 **Trouve les mots qui sont découpés. Écris-les.** réussite : /5

ten	pérature	→	________________
tem	tine	→	________________
can	te	→	tente
cam	porter	→	________________
en	pagne	→	________________
em	lever	→	________________

ss

en classe, on a un poisson et un poussin.

– asse – isso – – ussi –

1 **Écris** ss **si tu entends** (sss) **.**
Si tu n'entends pas (sss) **, mets une croix.** réussite : /5

1. ______

2. ______

3. ______

4. ______

5. ______

2 **Classe ces mots en deux groupes :**
ceux qui ont s **et ceux qui ont** ss. réussite : /10

	s	ss
un poisson • une tasse	______	______
un oiseau • une valise	______	______
la chasse • un vase	______	______
une chemise • un bassin	______	______
un visage • un dessin	______	______

3 **Recopie ces mots, puis entoure les lettres**
qui sont juste avant **et juste** après ss. réussite : /5

une grosse fleur • un passage • la maîtresse •
une poussette • une jupe plissée.

______

______

4 **Écris les lettres que tu as trouvées juste** avant
et juste après ss**, dans l'exercice 3.**

______

l'

porte
une porte
la porte

armoire
une armoire
l'armoire

1 **Ajoute** le , la **ou** l'. réussite : /5

___ rue • ___ élève • ___ chat • ___ ours • ___ image.

2 **Ajoute** le , la **ou** l'. réussite : /5

___ orange • ___ robe • ___ été • ___ café • ___ éponge.

3 **Écris en séparant les mots.** réussite : /5

larbre

latable

loiseau

lavion

lauto

4 **Écris en séparant les mots.** réussite : /5

lanimal • lapoche • lusine • lécole • lannée.

les liaisons

un sapin
des sapins

un ‿ arbre
des (z) arbres

1 Écris en séparant les mots.

réussite : /5

desimages

unours

lesélèves

unâne

desétoiles

2 Écris en séparant les mots.

réussite : /5

lesoiseaux • desoranges • desautos •
desportes • deshommes.

3 Écris en séparant les mots.

réussite : /5

monami • unanimal • tesoreilles • desrues • sesenfants.

j'

1 **Écris en séparant les mots attachés.** réussite : /5

jouvre la porte.

____

jebois du lait.

____

jentre en classe.

____

javale du sirop.

____

jai un chat.

____

2 **Écris en séparant les mots attachés.** réussite : /5

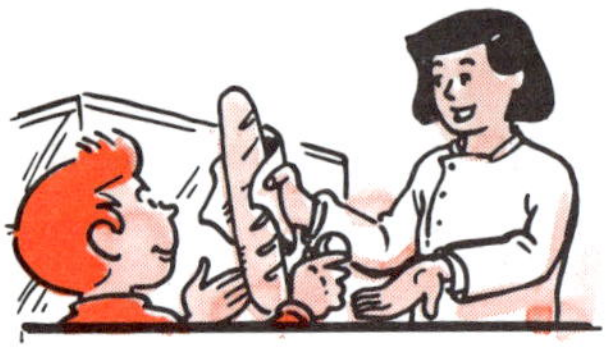

jachète le pain.

____

jai six ans.

____

jejoue au ballon.

____

jaime le lait.

____

jélève des souris.

____

t muet

Elle est petite. *Il est petit.*

1 **Complète.** réussite : /5

elle est forte.
il est ______

elle est lente.
il est ______

elle est cuite.
il est ______

elle est ouverte.
il est ______

elle est haute.
il est ______

2 **Complète.** réussite : /5

elle est ver**t**e → il est ______
elle est pla**t**e → il est ______
elle est droite → il est ______
elle est muette → il est ______
elle est sotte → il est ______

3 **Écris les mots de 4 lettres qui se cachent dans les mots suivants.** Ex. : une **mont**agne → un mont. réussite : /5

le dentiste • le laitier • un plateau • un chaton • la toiture.

______

______

lettres muettes

Elle est grande.   Il est grand.
Elle est grosse.   Il est gros.

1 **Complète.**

elle est froide.
il est ______

elle est ronde.
il est ______

elle est grasse.
il est ______

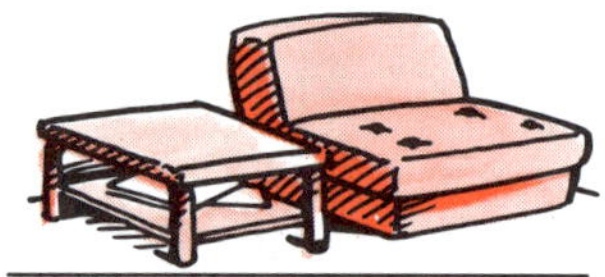

elle est basse.
il est ______

elle est épaisse.
il est ______

2 **Complète.**

réussite : /5

elle est bavarde → il est ______
elle est grise → il est ______
elle est chaude → il est ______
elle est mauvaise → il est ______
elle est longue → il est ______

3 **Écris les mots qui ont un h muet.**

réussite : /5

un homme • un phoque • le thé • une chenille •
un éléphant • de l'herbe • un achat • l'heure • l'hiver.

______

______

doubles consonnes

Pierre lui donne un ballon.

__rr_ __nn_ _ll__

Pierre donne ballon

1 **Aide-toi des « cailloux » pour remettre les deux lettres qui manquent :** mm, tt, rr, ll, nn. réussite : /5

Ex. : 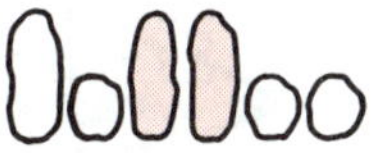 : ballon

1. 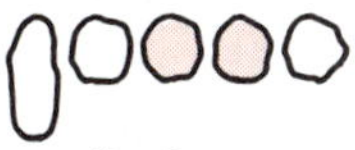 : po____e
2.  : a____ée
3. 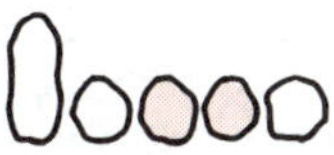 : te____e
4. 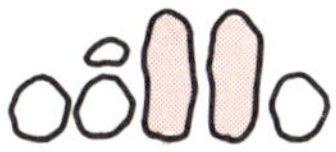 : vi__e
5. 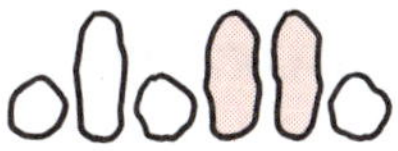 : cha__e

2 **A quels « cailloux » correspondent les mots suivants :** réussite : /5

nappe • homme • balle • village • bonnct.

1. 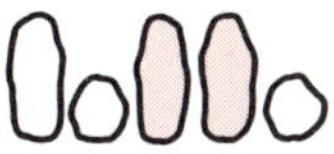 : __________
2.  : __________
3. 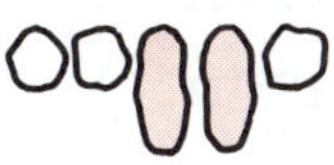 : __________
4. 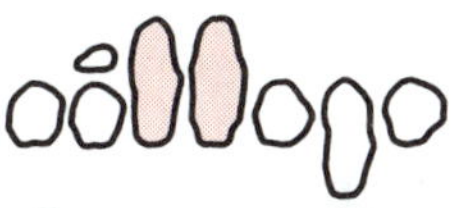 : __________
5. 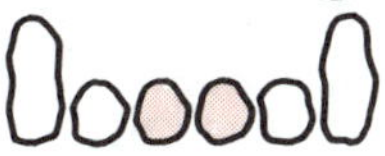 : __________

Devinette : quel mot de l'exercice 2 a les mêmes « cailloux » que le mot femme ? __________

mots invariables

1 **Complète avec ces petits mots : de, du, au, et, pas.**

Le matin, Denis choisit : du café ____ lait, du pain ____ une brioche,

des tartines ___ miel, ____ beurre, mais ____ de fromage !

2 **Complète avec ces mots :**
par, pour, mais, bien, comme.

Julie nage ________ , ________ son frère. ________ jouer,

il la tire ________ les pieds, ________ elle n'a pas peur.

3 **Complète avec ces mots : à, en, sur, avec, dans.**

Où est le chat ? ________ la table ________ le carton

________ le chien ______ la cuisine ____ face de Rémi

1 **Trouve les noms de personnes, puis écris-les.** réussite : /5

un homme • marcher • un garçon • un lapin • sucré • une table • une femme • un élève • jouer • sa sœur.

____

____

2 **Trouve les noms de choses, puis écris-les.** réussite : /5

un sac • prendre • aimer • une brique • une perle • riche • une jupe • une éponge • une poule • manger.

____

____

3 **Classe ces mots en 3 groupes : les noms de personnes, les noms d'animaux et les noms de choses.** réussite : /10

une poupée • un livre • une fille • un rat • une carte • un loup • un pilote • une mouche • un bébé • une cage.

noms de personnes	noms d'animaux	noms de choses

l'adjectif

1 **Écris les mots qui peuvent dire COMMENT EST cet homme.**

réussite : /5

jeune • un bonbon • dormir
pauvre • libre • une branche
seul • content • un canari • lire

____

____

2 **Écris les mots qui peuvent dire COMMENT EST ce chien.**

réussite : /5

fidèle • partir • une porte
brave • sortir • un poisson
gros • fort • perdre • sage

____

____

3 **Écris les mots qui peuvent dire COMMENT EST ce moteur.**

réussite : /5

une tortue • un sac • solide
propre • une plante • neuf
taper • petit • crier • utile

____

____

le verbe

1 **Complète :** Denis est en train...

réussite : /5

de *chanter*

de ____________

de ____________

de ____________

de ____________

de ____________

2 **Complète :** Aline est en train...

réussite : /5

de *danser*
de ____________
de ____________
de ____________
de ____________
de ____________

3 **Écris les mots qui disent ce qu'Aline peut faire.**

réussite : /5

bavarder • une mouche • seul • parler • écouter • un citron • rire • chaud • jaune • répondre.

____

____

notion de pluriel

un chat des chats

1 **Écris ces mots sous les bons dessins.** réussite : /5

un chat • des chats • des fleurs • un arbre • une fleur.

1. ______________

2. ______________

3. ______________

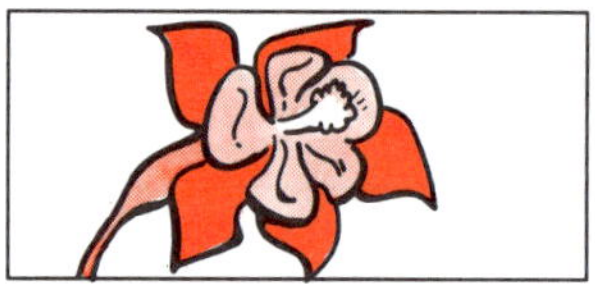

4. ______________

5. ______________

2 **Écris ces mots sous les bons dessins.** réussite : /5

une poire • un livre • des arbres • des livres • des poires.

1. ______________

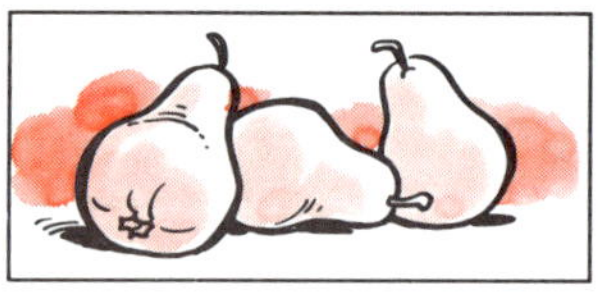

2. ______________

3. ______________

4. ______________

5. ______________

pluriel des petits mots

1 Complète par ces petits mots :
ma • mon • mes • ta • tes.

2 Complète par ces petits mots :
mon • mon • mes • son • ses.

3 Complète par ces petits mots :
mon • ma • mes • son • sa.

elle
elles

1 **Complète par** elle **ou** elles.

réussite : /5

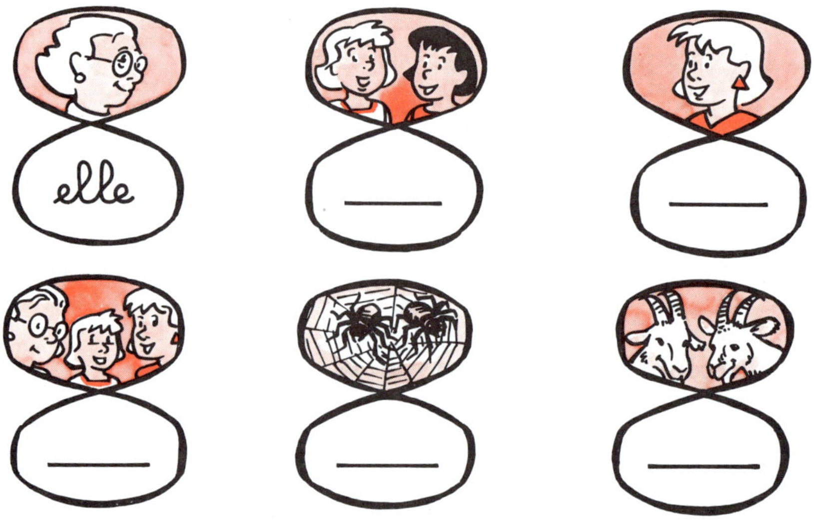

2 **Complète par** elle **ou** elles.

réussite : /5

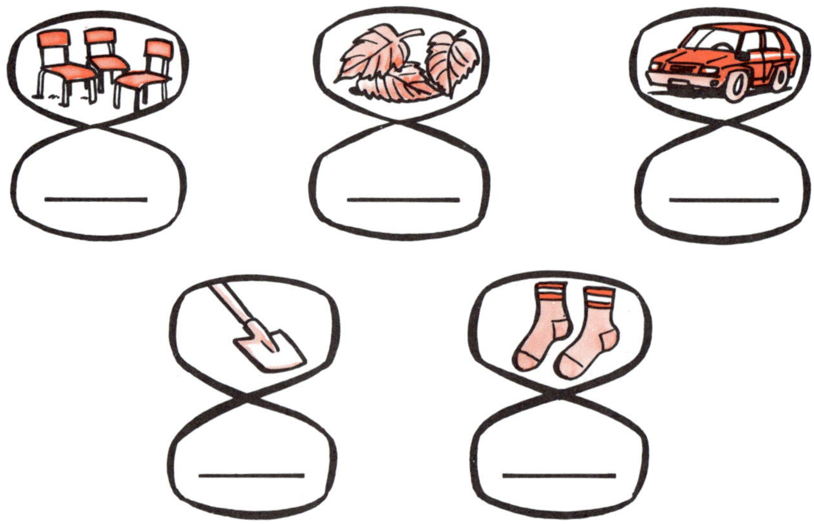

il
ils

1 **Complète par** il **ou** ils. réussite : /5

2 **Complète par** il **ou** ils. réussite : /5

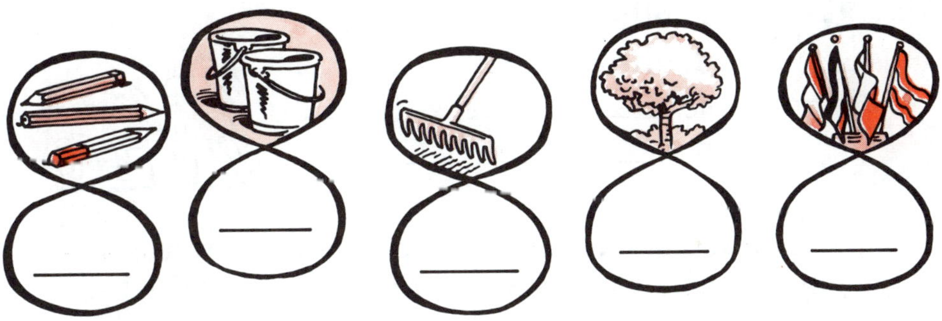

3 **Remplace les mots en écriture penchée par** il **ou** ils.
Ex. : *Maman et papa* chantent → ils chantent.

Ma sœur et mon frère dansent. → ____________________

Rémi dessine. → ____________________

Rémi et Bruno lisent. → ____________________

Mélanie, Rémi et Bruno dorment. → ____________________

Mon camarade sort: → ____________________ réussite : /5

j'ai
il a

1 **Complète avec les mots suivants :**
cravate • barbe • vélo • lunettes • pantalon.

1. j'ai une ____________________
2. j'__ une ____________________
3. j'__ ____________________
4. ____________________
5. ____________________

2 **Complète avec les mots suivants :**
robe • bottes • sac • chapeau • voiture.

1. elle a une ____________________
2. elle _ des ____________________
3. elle _ ____________________
4. ____________________
5. ____________________

3 **Avec ces mots, écris ce que disent les chiens.**
casquette • plume • journal • os • pipe • balle.

il a
ils ont

1 **Écris** ce qu'il a **ou** ce qu'ils ont, **en t'aidant des dessins et des mots.**

avoir un chapeau

avoir une cravate

avoir des billes

avoir un ballon

avoir soif

avoir peur

Ils ont un chapeau. ______________________

______________________ ______________________

______________________ ______________________

2 **Écris** ce qu'ils ont **ou** ce qu'elles ont, **en t'aidant des dessins et des mots.**

avoir des moutons

avoir un collier

avoir une montre

avoir une voiture

avoir une robe

avoir une tortue

Il a des moutons. ______________________

______________________ ______________________

______________________ ______________________

je suis
il est

1 **Complète avec les mots suivants :**
grand • beau • fort • content • riche.

réussite : /5

je suis ______________________
je______________________
____
____
____

2 **Complète avec les mots suivants :**
rouge • petite • jolie • solide • neuve.

réussite : /5

elle est______________________
elle ______________________
____
____
____

3 **Écris ce que disent les chiens. Utilise ces mots :**
long • frisé • gras • gentil • méchant • maigre.

il est
ils sont

1 **Les enfants jouent autour de la statue.**
Complète pour dire où ils sont.

réussite : /5

1. il ________ devant.
2. ils ________ derrière.
3. elle ________ derrière.
4. ________ à côté.
5. ________ contre.

2 **En t'aidant des dessins et des mots, écris des phrases avec** il est **ou** ils sont.

être au lit

être à table

être petit

être grand

être gros

être loin

il est au lit.
ils ________
____
____
____
____

pluriel des verbes (1)

Il joue. Ils jouent.

1 Écris ces mots sous le bon dessin :

réussite : /5

elles parlent • elle regarde • elles cherchent • elle écoute • elles bavardent.

1. 

____

____

____

2. 

____

____

____

2 Complète.

il_ mang______

____

il_ march______

____

il_ repass______

____

il_ saut______

____

il_ nag______

____

3 Recopie seulement quand il faut ajouter ent.

réussite : /5

elle mont____ • ils jou____ • elles tourn____ • il copi____ • elles se lèv____ • ils entr____ • elle sonn____ • ils tomb____.

____

____

pluriel des verbes (2)

Il court. Ils courent.

1 **Écris ces mots sous le bon dessin :** réussite : /5

il sait • ils voient • il veut • ils peuvent • ils font un sourire.

1. 

____

____

____

2. 

____

____

____

2 **Complète.**

il_ écri__________

____

il_ part__________

____

il_ boiv__________

____

il_ sor__________

____

il_ ri__________

____

3 **Recopie seulement quand il faut ajouter** ent. réussite : /5

elles dorm______ • elle fai______ • ils rugiss______ •
elles lis______ • il fini______ • ils serv______ • elles dis______.

____

____

Transfert

Exercices de révisions

• Ces exercices sont prévus pour réviser les graphies et les règles de base.

• Chaque fiche comprend deux exercices. Ils peuvent se faire dans l'ordre ou en fonction de la progression adoptée en classe.

• Chaque exercice peut être noté sur cinq ou sur dix.

1 Complète en t'aidant des groupes de lettres qui sont à gauche.

réussite : /10

an	ou
on	au
eu	ai

une ___to

un mel___

la m___tagne

de la l___ne

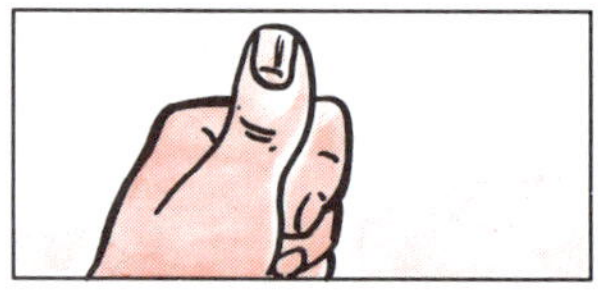
le p___ce

un ch___teur

une fl___r

une r___te

une or___ge

une t___pe

2 Le robot étourdi : il attache tout ! Écris en séparant les mots.

lechat lavion léglise destortues lafoudre

réussite : /5

1 **Complète en t'aidant des lettres et du dessin.**

réussite : /10

gn | ng | gu

la li__e

tr | vr | br

un li__e

pr | br | cr

une __une

bl | br | pl

le sa__e

tr | vr | br

un li__e

gn | ng | gu

le li__e

gn | ng | gu

une fi__e

pr | br | cr

elle est __une

bl | br | pl

un sa__e

tr | vr | br

il est li__e

2 **Le robot déréglé : il écrit une lettre de trop ! Corrige les mots.**

une gcabine

un enfvant

une jzupe

une bopbine

une vfoiture

réussite : /5

1 Jeu des cailloux

réussite : /5

gros caillou :  grande lettre → 

petit caillou :  petite lettre → 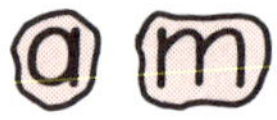

tout petit caillou :  point ou accent → 

terre 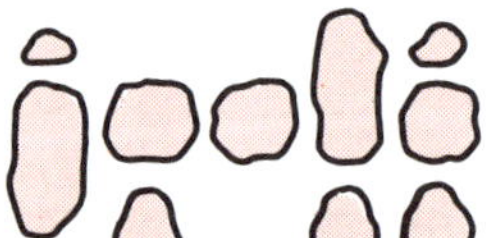 jeudi

lune 1. 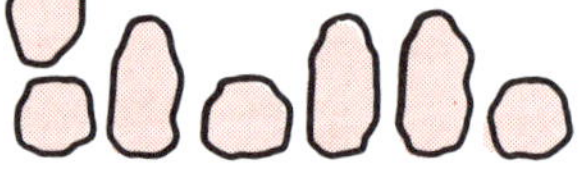 ____________

jeudi 2. 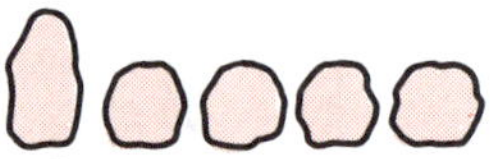 ____________

barbe 3. 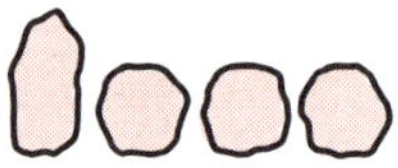 ____________

chatte 4. 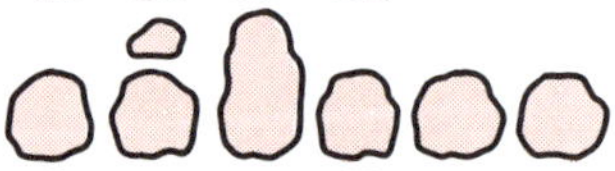 ____________

citron 5. 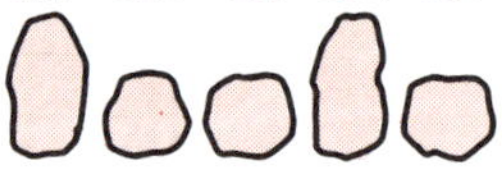 ____________

2 Le robot maladroit : il a fait des taches ! Retrouve les lettres qu'on ne voit plus, puis écris le petit texte.

réussite : /5

J'ai un poi on rouge
dan un gran bocal.
Il est sur la tab e
de la cui ine.

____

____

1 Complète en t'aidant des dessins.

réussite : /10

_ouche **_oule**

des **t**ouches

____

une _ouche

____

la **f**oule

____

une _oule

____

une _ouche

____

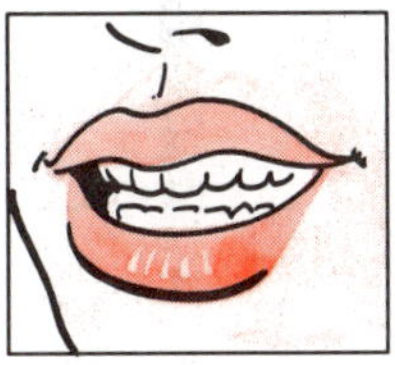

une _ouche

____

une _oule

____

un _oule

____

une _ouche

____

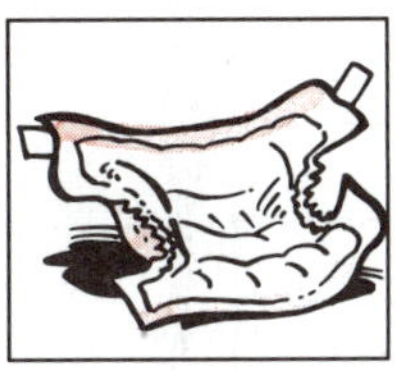

une _ouche

____

elle _oule

____

elle _oule

____

2 Le robot étourdi : il attache tout ! Écris en séparant les mots.

jécoute jaime jesuisgrand

jechante jaisoif

____

____

réussite : /5

1 Complète en t'aidant des groupes de lettres qui sont à gauche.

réussite : /10

oi	in
en	ei
eau	œu

la n___ge

____

une p___re

____

un cout___

____

un s___ge

____

une p___dule

____

un ___f

____

un moul___

____

une ard___se

____

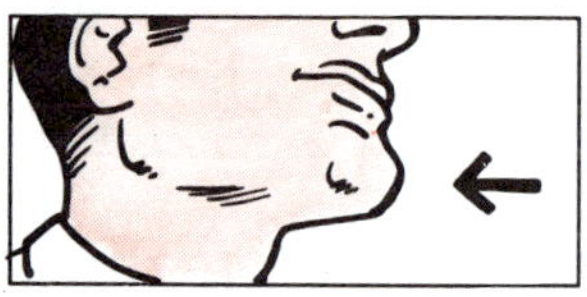

le m___ton

____

un cham___

____

2 Le robot étourdi : il attache tout ! Écris en séparant les mots.

laporte lécriture lusine lélève despommes

____

____

réussite : /5

1 **Retrouve ces dix mots. Écris-les.** réussite : /10

Ex. : ni a mal → a ni mal animal

1. mi che née ______________

2. lec re tu ______________

3. la de ma ______________

4. di man che ______________

5. nier jar di ______________

6. che ta mous ______________

7. moi re ar ______________

8. rec di teur ______________

9. leu vre cou ______________

10. mai se ne ______________

2 **Le robot maladroit : il a fait des taches !**
Retrouve les lettres qu'on ne voit plus,
puis écris le petit texte. réussite : /5

La to▮tue se p▮omène
dans le ja▮din.
Elle a t▮ouvé
de la sal▮de.

____
____
____
____

7 exercices de révisions

TRANSFERT

1 Complète en t'aidant des lettres et du dessin.

réussite : /10

br	dr	tr

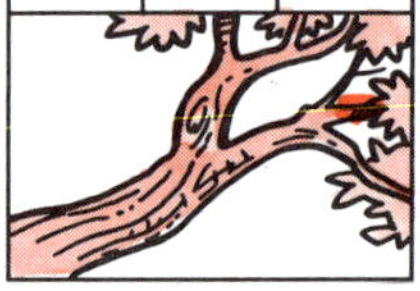

une ___anche

____

an	on	ou

il est r___ge

____

br	cl	gl

mon on___e

____

br	dr	tr

une ___anche

____

br	cl	gl

un on___e

____

an	on	ou

il r___ge

____

br	cl	gl

une om___e

____

an	on	ou

il r___ge

____

t	tr	str

un mon___e

____

t	tr	str

une mon___e

____

2 Le robot déréglé : il écrit une lettre de trop ! Corrige les mots.

un cochjon — du cacgao — une chanszon — elle maonge — elle se maouche

____

____

réussite : /5

1 Complète en t'aidant des dessins.

réussite : /10

___iche		___ache	

une **qui**che	une ___iche	une **t**ache	une ___ache

une ___iche	une ___iche	une ___ache	il se ___ache
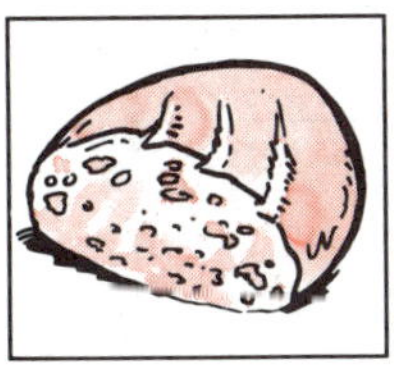			
une ___iche	il est ___iche	il se ___âche	il le ___âche

2 Le robot étourdi : il attache tout ! Écris en séparant les mots.

réussite : /5

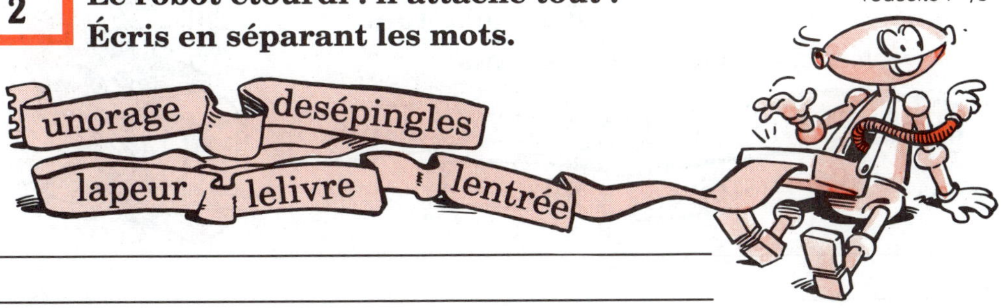

9 exercices de révisions
TRANSFERT

1 **Complète en t'aidant des groupes de lettres qui sont à gauche.**

réussite : /10

ein	ien
ill	eill
ouill	

un ch___

un pap___on

des b___es

une ab___e

la p___ture

une gren___e

une chen___e

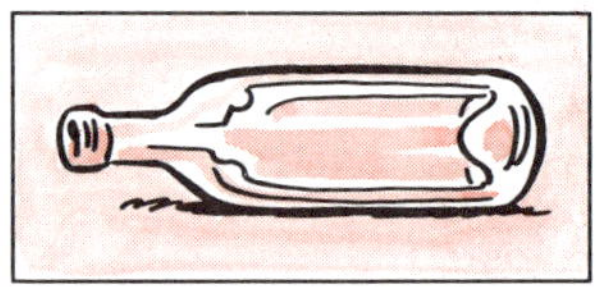

une bout___e

un gard___

une c___ture

2 **Le robot étourdi : il attache tout !**
Écris en séparant les mots.

lesailes lechemin latable
deshistoires loiseau

réussite : /5

1 Jeu des cailloux

réussite : /5

gros caillou : grande lettre →
petit caillou : petite lettre →
tout petit caillou : point ou accent →

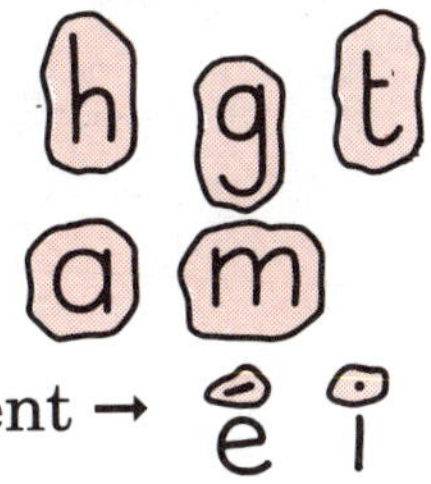

solide
plume
canapé
tige
image
arbre

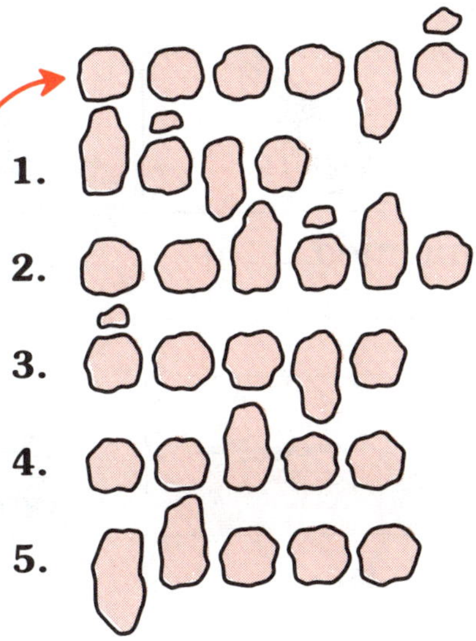

canapé

2 Le robot maladroit : il a fait des taches ! Retrouve les lettres qu'on ne voit plus, puis écris le petit texte.

réussite : /5

Éric et Denis sont
dans leur cha bre.
Ils joue avec le cha
qui se cac e
sous la couvertu e.

11 exercices de révisions

TRANSFERT

1 **Complète en t'aidant des groupes de lettres qui sont à gauche.**

réussite : /10

oin	ion
ain	ian
aill	euill

un av____

de la p____e

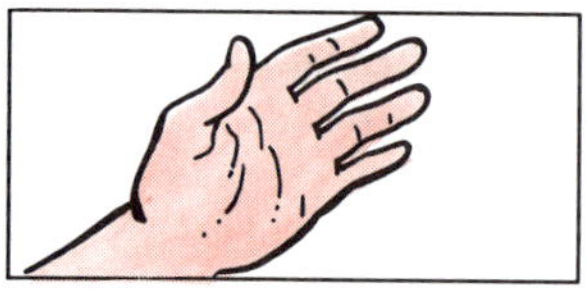

une m____

une méd____e

un cam____

une f____e

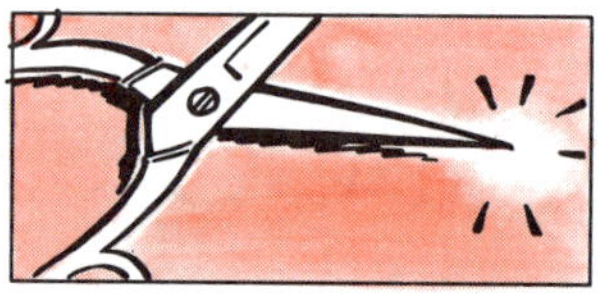

p____tu

un tr____

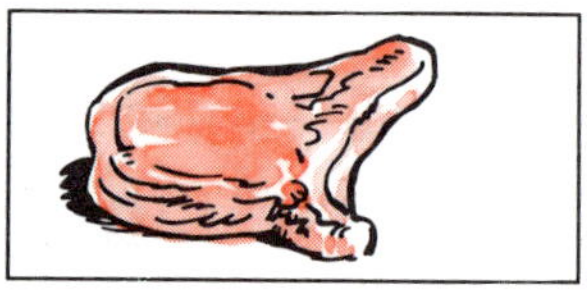

de la v____de

un p____

2 **Le robot étourdi : il attache tout ! Écris en séparant les mots.**

lapoupée desautos lhomme lécurie léponge

réussite : /5

1 **Complète en t'aidant des lettres et du dessin.**

réussite : /10

t | ch | l

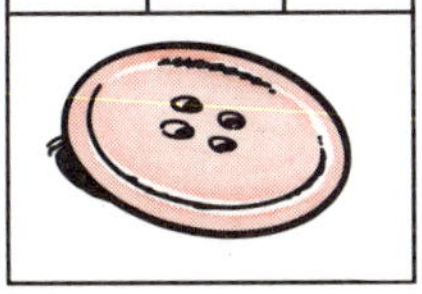

un bou___on

____

fr | br | pl | tr

des ___uits

____

f | p | t

elle ___ond

____

f | p | t

il ___ond

____

fr | br | pl | tr

la ___uie

____

fr | br | pl | tr

du ___uit

____

t | ch | l

un bou___on

____

f | p | t

il ___ond

____

t | ch | l

un bou___on

____

fr | br | pl | tr

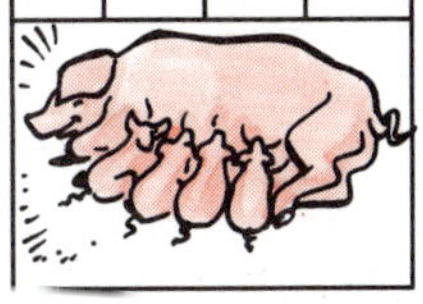

une ___uie

____

2 **Le robot déréglé : il écrit une lettre de trop ! Corrige les mots.**

une varlise
du cavfé
le jzournal
un pbantin
la figcure

____

____

réussite : /5

Habileté

Exercices de fin d'apprentissage

• Ces exercices sont plus difficiles que les précédents. Ils se font en fin d'année scolaire.

• Pour les dictées muettes, on vérifiera que les dessins ont bien été identifiés (cf. liste des mots page 126).

• Un conseil pour les textes à compléter (fiches 1, 8, 10, 11 et 12) : l'enfant doit toujours lire entièrement le texte et regarder l'illustration avant de répondre.

• Chaque exercice peut être noté sur 5, sur 10 ou sur 20.

1 Écris les mots qui manquent, en t'aidant du dessin.

réussite : /5

Maman prépare ____ tarte
____ le goûter.
Le chat dort ____ la chaise.
____ le jardin,
le chien joue
____ la petite fille.

2 Colorie les cadres où tu vois la même lettre.

réussite : /5

1 **Dictée muette**
Écris les mots qui correspondent aux dessins. réussite : /10

1. ____________

2. ____________

3. ____________

4. ____________

5. ____________

6. ____________

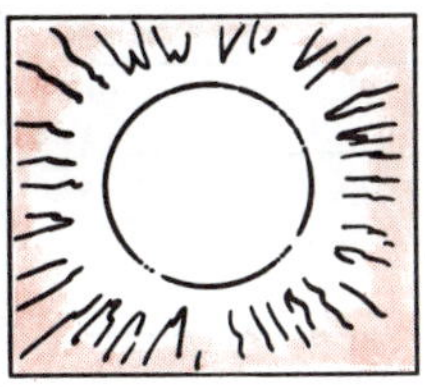

7. ____________

8. ____________

9. ____________

10. ____________

2 **Le robot artiste : il écrit avec des majuscules !**
Recopie les mots avec des minuscules. réussite : /5

UN SAC ____________

UN VASE ____________

UN AVION ____________

LA BOUCHE ____________

UNE CHAMBRE ____________

1 Écris chaque mot sur la bonne carte.

réussite : /20

♥ _age

♣ _ée

cage • poire • cheminée
opération • passoire
journée • année • nuage
aviation • plage • purée
attention • foire
histoire • fumée • orage
victoire • récréation
image • addition

♠ _tion

♦ _oire

2 Colorie les cadres où tu vois la même lettre.

réussite : /5

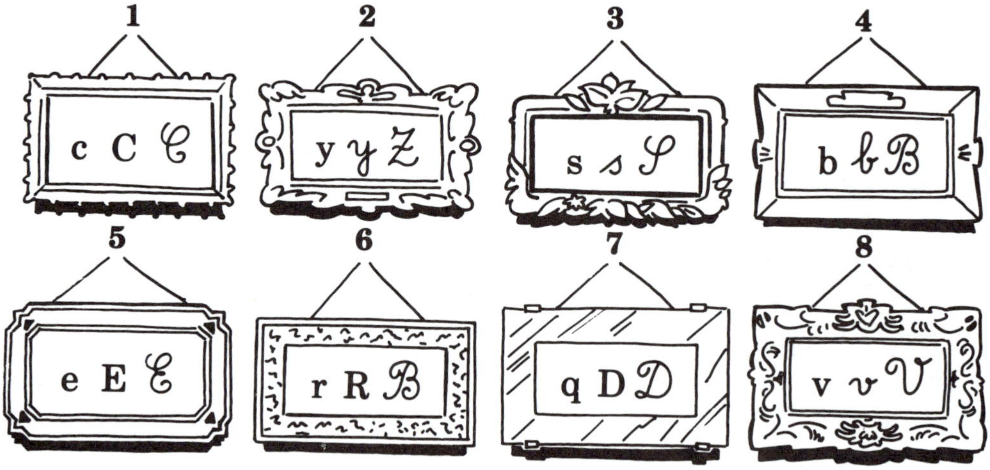

1 Dictée muette

Écris les mots qui correspondent aux dessins. réussite : /10

1. ____________

2. ____________

3. ____________

4. ____________

5. ____________

6. ____________

7. ____________

8. ____________

9. ____________

10. ____________

2 Le robot étourdi : il a perdu les lettres muettes !

Remets-les à leur place. réussite : /5

Je suis for□.

J'ai chau□.

Je suis gro□.

Je suis à l'□eure.

Le fil est lon□.

g t s h d

____

____

____

____

____

5 exercices de fin d'apprentissage

HABILETÉ

1 Écris chaque mot sur la bonne carte.

réussite : /20

♥ __ière

♣ __ier

♠ __elle

♦ __esse

tresse • rondelle
adresse • écolier • métier
échelle • fermière
semelle • premier
vitesse • ouvrier
portière • maîtresse
rivière • pelle • ficelle
lumière • première
promesse • papier

2 Colorie les cadres où tu vois la même lettre.

réussite : /5

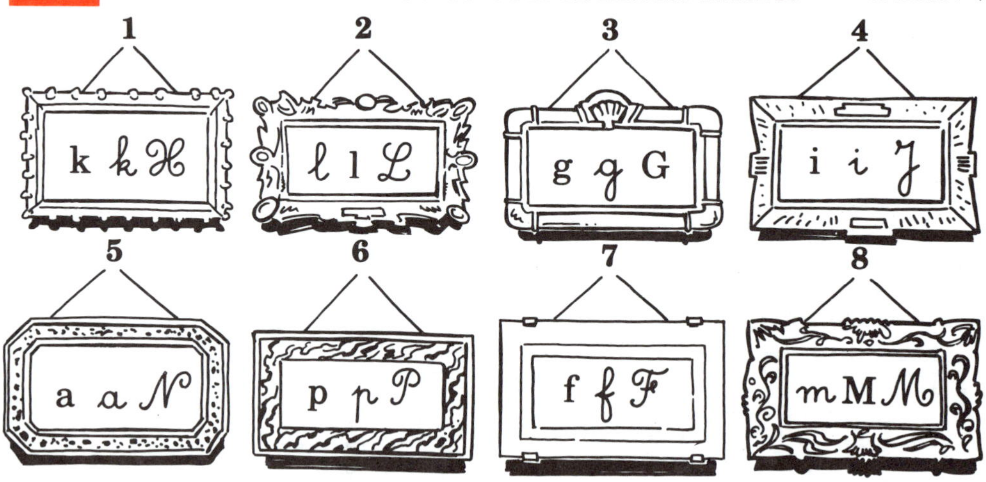

1 **Dictée muette**
Écris les mots qui correspondent aux dessins. réussite : /10

1. ______________

2. ______________

3. ______________

4. ______________

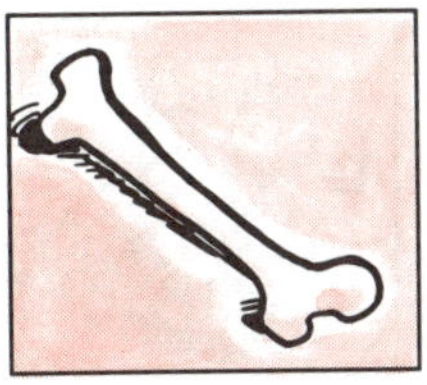

5. ______________

6. ______________

7. ______________

8. ______________

9. ______________

10. ______________

2 **Le robot artiste : il écrit avec des majuscules !**
Recopie les mots avec des minuscules. réussite : /5

UN LIT ______________

DU BOIS ______________

LA VILLE ______________

UN ANIMAL ______________

LA COULEUR ______________

1 Dictée muette

Écris les mots qui correspondent aux dessins. réussite : /10

1. ____________

2. ____________

3. ____________

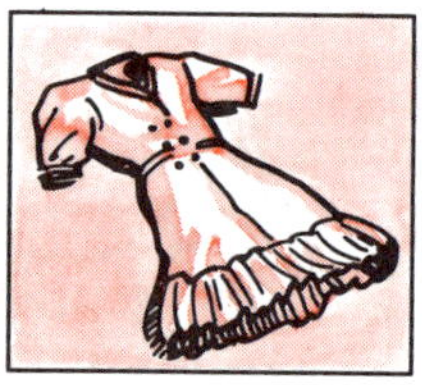

4. ____________

5. ____________

6. ____________

7. ____________

8. ____________

9. ____________

10. ____________

2 Retrouve ces cinq mots. Écris-les.

réussite : /5

ran	ber →	____________
ram	son →	____________
tom	ger →	ranger
ton	pe →	____________
chan	bre →	____________
cham	dre →	____________

1 **Complète en choisissant parmi les groupes de lettres écrits à gauche.** réussite : /10

au - en	Julie est __ cirque.
e - es	Deux homm__ sont sur la piste.
il - ils	__ font rire tout le monde.
s - t	Le plus gro__
ou - on	se mouche dans un m__choir
gr - cr	__and comme un drap.
s - t	Le plus peti__
n - m	se couche dans la __iche,
ein - ien	à la place du ch__.
ro - or	Julie rit très f__t.

2 **Le robot artiste : il écrit avec des majuscules ! Recopie les mots avec des minuscules.** réussite : /5

UN COL ____________

UN LION ____________

UNE RUCHE ____________

UN CHEVAL ____________

UN POISSON ____________

1 Dictée muette

Écris les mots qui correspondent aux dessins. réussite : /10

1. ____________

2. ____________

3. ____________

4. ____________

5. ____________

6. ____________

7. ____________

8. ____________

9. ____________

10. ____________

2 Retrouve ces cinq mots. Écris-les.

réussite : /5

tan	bour →	____________
tam	dre →	____________
pom	te →	tante
pon	piste →	____________
on	bre →	____________
om	cle →	____________

1 **Complète en choisissant parmi les groupes de lettres écrits à gauche.**

réussite : /10

e - s	Les pot__ de confiture
c - qu	sont dans le pla__ard.
et - es	Marc monte sur un tabour__ .
il - ils	__ tend le bras.
m - mm	Co__e il est trop petit,
ill - y	il tire sur le ra__on.
ai - ê	Un pot lui tombe sur la t__te !
ein - ien	Marc est pl__ de confiture.
en - eu	C'est le chien qui est cont__t :
ch - cl	il lè__e la confiture !

2 **Le robot étourdi : il a perdu les lettres muettes ! Remets-les à leur place.**

réussite : /5

Je ne suis pas un □omme.

Il est blan□ .

Il est ron□.

C'est ouver□.

Le livre est épai□ .

1 **Complète en choisissant parmi les groupes de lettres écrits à gauche.** réussite : /10

ui - iu	Sur les t__les,
oi - io	un petit m__neau
et - ette	fait sa toil__.
cr - gr	Un __os chat noir
in - im	gr__pe sur le toit.
an- au	Il veut m__ger l'oiseau.
pl - bl	Mais, avec une __ume
ai - nai	de son __le,
ill - ouill	l'oiseau chat___e
	le nez du chat.
	Atchoum ! fait le chat
on- om	en t__bant du toit.

2 **Retrouve ces cinq mots. Écris-les.** réussite : /5

con	ter →	
com	duire →	conduire
tin	ge →	
tim	pagnon →	
sim	bre →	
sin	ple →	

1 **Complète en choisissant parmi les groupes de lettres écrits à gauche.** réussite : /10

	La poule chante.
eu - œu	Elle a trouvé un gros ___f,
o - eu	tout n___f.
elle - elles	Alors, ___ le couve.
	Toc, toc, toc !
c - qu	On tape contre la co___ille.
s - ss	C'est le pou___in
tir - tri	qui veut sor___ .
	Mais non ! C'est un petit canard
t - tr	qui mon___e
e - è	son b___c tout plat.
tr - dr	« Je me suis ___ompée d'œuf,
p - b	se dit la ___oule. »

___

___

___

2 **Le robot artiste : il écrit avec des majuscules ! Recopie les mots avec des minuscules.** réussite : /5

LE ROI ___

LA LUNE ___

LA NEIGE ___

LE SOLEIL ___

UN ARTISTE ___

Test final

L'élève doit répondre à ces vingt questions sans aide.
Les consignes pourront être lues à haute voix par l'enseignant.
Les erreurs indiquent quelles sont les règles qu'il faut encore réviser.
Il est conseillé de passer cette épreuve en deux ou trois fois.

• **Complète par** f, s, ch **ou** v.

1. une _ourmi

2. un che_al

3. une mou_e

• **Complète par** p, t, b **ou** d.

4. un ra_is

5. une _oule

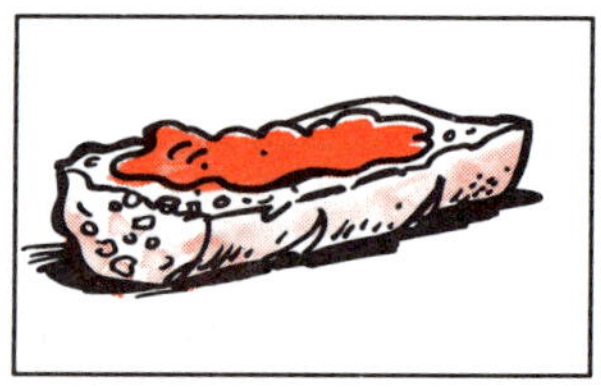

6. une tar_ine

• **Que manque-t-il :** ou, on, ai **ou** oi ?

7. une m__son

8. la m__tagne

9. un c__ffeur

• **Que manque-t-il :** ion, oin, ill **ou** eill ?

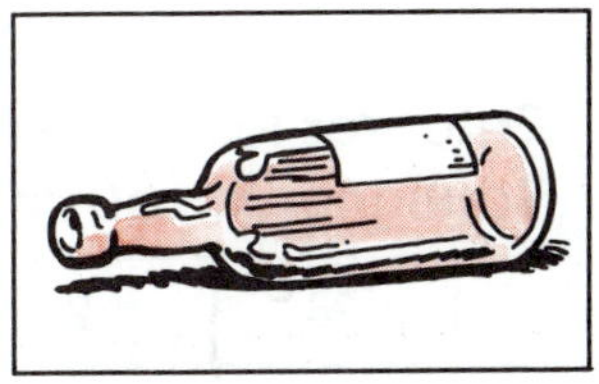

10. un av___ **11.** un pap___on **12.** une bout___e

• **Ajoute :**

13. car, gar, cra **ou** gra : une ___vate, un ___çon.

14. s **ou** ss : une table ba___e.

15. gi **ou** gui : un ___don de vélo.

• **Écris :**

16. Écris le, la **ou** l' **avant chaque nom :** ___ animal, ___ rue.

17. Écris cette phrase en séparant les mots :

jailuunlivre → ___

18. Écris au pluriel :

un chemin → des ___

une étoile → des ___

19. Choisis entre il **et** ils **pour compléter.**

___ jouent au ballon.

20. Entoure le mot qui est un nom.

Son chien aboie souvent.

Correction du test

Entourer les numéros des questions où tout est juste.
Souligner les autres en rouge.

1. p. 28	**2.** p. 31	**3.** p. 30	**4.** p. 45	**5.** p. 44
6. p. 41	**7.** p. 54	**8.** p. 42	**9.** p. 39	**10.** p. 65
11. p. 67	**12.** p. 68	**13.** p. 59	**14.** p. 71	**15.** p. 61
16. p. 72	**17.** p. 74	**18.** p. 82	**19.** p. 85	**20.** p. 79

Note : ... / **20** (1 point par question entièrement réussie)

Noter la page des leçons à réviser en priorité.
(Ce sont celles qui figurent à côté des numéros soulignés en rouge.)

Dessin de tes résultats

- Colorie une case par point obtenu.
- Commence par colorier les grandes cases. Si tu as pu colorier toutes les grandes cases, tu peux colorier les moyennes.
- S'il te reste encore des points, colorie les petites cases du milieu.

Tableau des lettres

a b c d

A B C D

e f g h

E F G H

i j k l m n

I J K L M N

o p q r s t

O P Q R S T

u v w x

U V W X

y z

Y Z

a b c d

A B C D

e f g h

E F G H

i j k l m n

I J K L M N

o p q r s t

O P Q R S T

u v w x

U V W X

y z

Y Z

Liste des dessins sans légende

Observation

Fiche 1, p. 8 : 1. **cha**peau ; 2. savon ; 3. **cha**rrette ; 4. lézard ; 5. **cha**sseur ; 6. jardinier ; 7. **cha**meau ; 8. chaussure (ou soulier).

Fiche 2, p. 9 : 1. banc ; 2. **dan**seuse ; 3. **den**tiste ; 4. tente ; 5. brosse (à cheveux) ; 6. ven**dan**geur ; 7. (ils) attendent ; 8. pantalon.

Fiche 3, p. 10 : 1. (il) mange ; 2. **mon**tagne ; 3. manteau ; 4. **mon**tre ; 5. canon ; 6. **mon**stre ; 7. (il) **mon**te ; 8. moto.

Fiche 4, p. 11 : 1. **cou**ssin : 2. bouteille ; 3. (il) **cou**rt ; 4. **cou**teau ; 5. (une) goutte ; 6. (elle) **cou**d ; 7. **cou**verture ; 8. collier.

Fiche 5, p. 12 : 1. **poi**reau ; 2. roi ; 3. **poi**gnée ; 4. **poi**re ; 5. patins ; 6. (il) boit ; 7. pont ; 8. (il) aboie.

Fiche 6, p. 13 : 1. ours ; 2. b**a**lai ; 3. courge (ou potiron) ; 4. t**a**bleau ; 5. r**a**quette ; 6. niche ; 7. p**a**pillon ; 8. gir**a**fe.

Fiche 7, p. 14 : 1. boug**i**e ; 2. âne ; 3. ardoise ; 4. (il) écr**i**t ; 5. coq ; 6. rob**i**net ; 7. zèbre ; 8. l**i**t.

Fiche 8, p. 15 : 1. abeille ; 2. escarg**o**t ; 3. chât**eau** ; 4. matelas ; 5. ch**au**ssettes ; 6. sifflet ; 7. rid**eau**x ; 8. vi**o**lon.

Fiche 9, p. 16 : 1. chien ; 2. canne ; 3. **é**chelle ; 4. souris ; 5. f**ée** ; 6. rose ; 7. poup**ée** ; 8. vase.

Fiche 10, p. 17 : 1. j**u**pe ; 2. loup ; 3. m**u**r ; 4. f**u**mée ; 5. clou ; 6. tort**u**e ; 7. pouce ; 8. pl**u**me.

Fiche 11, p. 18 : 1. avion ; 2. p**ou**le ; 3. bonbon ; 4. lune ; 5. soleil ; 6. r**ou**e ; 7. bocal ; 8. l**ou**pe.

Fiche 12 p. 19 : 1. lap**in** ; 2. orange ; 3. poisson ; 4. **cein**ture ; 5. moul**in** ; 6. sap**in** ; 7. enfants ; 8. p**ain**.

Graphèmes et graphies

a, p. 22 : 1. **pa**pillon ; 2. nu**a**ge ; 3. pommes ; 4. b**a**rque ; 5. os.

i, p. 23 : 1. rad**i**s ; 2. mouche ; 3. t**i**gre ; 4. b**i**llet ; 5. banane.

o, p. 24 : 1. masque ; 2. d**o**min**o** ; 3. chaise ; 4. b**o**ttes ; 5. lavab**o**.

é, p. 25 : 1. **é**ponge ; 2. pantalon ; 3. r**é**chaud ; 4. bidon ; 5. m**é**daille.

u, p. 26 : 1. arbres ; 2. l**u**nettes ; 3. poules ; 4. marteau ; 5. stat**u**e.

e, p. 27 : 1. gr**e**nouille ; 2. br**e**telles ; 3. trésor ; 4. pr**e**mier ; 5. clous.

f, p. 28 : 1. avion ; 2. œu**f** ; 3. vagues ; 4. gau**f**re ; 5. gri**ff**es.

s, p. 29 : 1. **s**inge ; 2. chapeau ; 3. a**s**pirateur ; 4. **s**ucre(s) ; 5. oiseau.

ch, p. 30 : 1. brio**ch**e ; 2. jongleur ; 3. mou**ch**oir (se mou**ch**er) ;
4. pê**ch**eur (pê**ch**er) ; 5. (il) déjeune.

v, p. 31 : 1. avion ; 2. **v**iolon ; 3. fillette ; 4. fusée ; 5. **v**eau.

j, p. 32 : 1. éplucher ; 2. chalet ; 3. **j**ardinier ; 4. chanteur (chanter) ;
5. **j**et d'eau.

m, p. 33 : 1. nager ; 2. **m**anger ; 3. fil**m**er ; 4. **m**ain ; 5. nain.

r, p. 34 : 1. **r**aisin ; 2. camion ; 3. f**r**omage ; 4. cit**r**on ;
5. (il) cour**t** (cou**r**i**r**).

ou, p. 35 : 1. c**ou**ssin ; 2. crayon ; 3. b**ou**gie ; 4. orange ; 5. l**ou**pe.

l, p. 36 : 1. pneu ; 2. p**l**uie (il p**l**eut) ; 3. perroquet ;
4. (elle) p**l**onge (p**l**onger) ; 5. **l**armes (p**l**eurer).

n, p. 37 : 1. re**n**ard ; 2. maillot de bain ; 3. car**n**et ; 4. marteau ;
5. cor**n**es.

oi, p. 39 : 1. cr**oi**x ; 2. balanç**oi**re ; 3. banane ; 4. c**oi**ffeur ; 5. classeur.

p, p. 40 : 1. brosse ; 2. **p**ied ; 3. timbre ; 4. trom**p**e ; 5. tau**p**e.

t, p. 41 : 1. **t**rico**t**er ; 2. li**t**re ; 3. douche ; 4. **t**ablier ; 5. dé.

on, p. 42 : 1. (il) t**on**d (t**on**dre) ; 2. drag**on** (m**on**stre) ; 3. chouette ;
4. planche ; 5. m**on**tre.

c, p. 43 : 1. **c**ravate ; 2. guitare ; 3. bal**c**on ; 4. **c**onfiture ; 5. guidon.

b, p. 44 : 1. **b**allon ; 2. **b**riquet ; 3. épingle ; 4. **b**orne ; 5. pelle.

d, p. 45 : 1. sol**d**at ; 2. trois (nombre) ; 3. taureau ; 4. **d**isque ; 5. cor**d**e.

g, p. 46 : 1. bec ; 2. **g**renouille ; 3. **g**ardien ; 4. boucle ; 5. escar**g**ot.

gn, p. 47 : 1. mineur ; 2. arai**gn**ée ; 3. chenille ; 4. cigo**gn**e ; 5. cy**gn**e.

in, p. 48 : 1. baignoire ; 2. taille-crayons ; 3. tambour**in** ; 4. sap**in** ;
5. bouton.

an-en, p. 49 : 1. machine (lave-linge) ; 2. **kan**gourou ; 3. **an**cre ; 4. pompier ; 5. pingouin.

z, p. 50 : 1. lé**z**ard ; 2. poisson ; 3. salade ; 4. **z**èbre ; 5. saucisson.

ph, p. 51 : 1. réveil ; 2. **ph**are ; 3. verrou ; 4. al**ph**abet ; 5. **ph**oto (**ph**otographe).

au-eau, p. 52 : 1. tambour ; 2. tonn**eau** ; 3. noisettes ; 4. étoile ; 5. drap**eau**.

eu-œu, p. 53 : 1. fl**eu**r ; 2. b**eu**rre ; 3. couronne ; 4. dompt**eu**r ; 5. jumelles.

ai-ei, p. 54 : 1. fr**ai**se ; 2. **ai**guille ; 3. singe ; 4. bal**ai** ; 5. casserole.

ion, p. 65 : 1. récréat**ion** ; 2. l**ion** ; 3. pont ; 4. addit**ion** ; 5. chien.

ien, p. 66 : 1. peintre (peindre) ; 2. sapin ; 3. ind**ien** ; 4. cinq ; 5. électric**ien**.

ill, aill..., p. 67 : 1. fourmi ; 2. qu**ill**es ; 3. champignon ; 4. chen**ill**e ; 5. coqu**ill**age.

aill, eill, p. 68 : **Ex. 1.** 1. orteils ; 2. r**ail**s ; 3. épouvant**ail** ; 4. oreille ; 5. évent**ail**.
Ex. 2. 1. ab**eill**e ; 2. médaille ; 3. poney ; 4. or**eill**er ; 5. corb**eill**e.

ss, p. 71 : 1. usine ; 2. cou**ss**in ; 3. tre**ss**es ; 4. cha**ss**eur ; 5. prison.

Habileté

Fiche 1, p. 108 : une ; pour ; sur ; dans ; avec.

Fiche 2, p. 109 : 1. maison ; 2. bouton ; 3. tasse ; 4. sapin ; 5. cage ; 6. rue ; 7. soleil ; 8. arbre ; 9. église ; 10. journal.

Fiche 4, p. 111 : 1. bébé ; 2. pomme ; 3. voiture ; 4. pipe ; 5. lapin ; 6. plume ; 7. poupée ; 8. brique ; 9. carton ; 10. salade.

Fiche 6, p. 113 : 1. vache ; 2. porte ; 3. fille ; 4. cheval ; 5. os ; 6. livre ; 7. bol ; 8. poche ; 9. cochon ; 10. mouton.

Fiche 7, p. 114 : 1. jupe ; 2. carte ; 3. fête ; 4. robe ; 5. rose ; 6. boule ; 7. cœur ; 8. sucre ; 9. dé ; 10. barbe.

Fiche 9, p. 116 : 1. lion ; 2. bonbon ; 3. table ; 4. moto ; 5. cloche ; 6. nuage ; 7. feu ; 8. moulin ; 9. cravate ; 10. chemise.

Table des matières

Imp. TARDY QUERCY S.A. Bourges - D.L. Janvier 1992 - Dépôt légal : 8766 - Imp. n° 17007

Imprimé en France